北京大学新中国留华校友口述实录　丛书
夏红卫　孔寒冰　主编

从化学博士到驻华大使

阿尔巴尼亚校友
塔希尔·埃莱兹口述

孔寒冰 编著

图书在版编目(CIP)数据

从化学博士到驻华大使：阿尔巴尼亚校友塔希尔·埃莱兹口述／孔寒冰编著．—北京：北京大学出版社，2018.12
（北京大学新中国留华校友口述实录丛书）
ISBN 978-7-301-29872-5

Ⅰ.①从… Ⅱ.①孔… Ⅲ.①塔希尔·埃莱兹—回忆录 Ⅳ.①K835.417=6

中国版本图书馆CIP数据核字（2018）第203730号

书　　　名	从化学博士到驻华大使：阿尔巴尼亚校友塔希尔·埃莱兹口述 CONG HUAXUE BOSHI DAO ZHUHUA DASHI: A'ERBANIYA XIAOYOU TAXI'ER AILAIZI KOUSHU
著作责任者	孔寒冰　编著
责 任 编 辑	李冶威
标 准 书 号	ISBN 978-7-301-29872-5
出 版 发 行	北京大学出版社
地　　　址	北京市海淀区成府路205号　100871
网　　　址	http://www.pup.cn
新 浪 微 博	@北京大学出版社　@培文图书
电 子 信 箱	pw@pup.pku.edu.cn
电　　　话	邮购部 010-62752015　发行部 010-62750672 编辑部 010-62750883
印 刷 者	北京市松源印刷有限公司
经 销 者	新华书店
	889毫米×1194毫米　32开本　7.25印张　180千字 2018年12月第1版　2018年12月第1次印刷
定　　　价	54.00元（精装）

未经许可，不得以任何方式复制或抄袭本书之部分或全部内容。
版权所有，侵权必究
举报电话：010-62752024　电子信箱：fd@pup.pku.edu.cn
图书如有印装质量问题，请与出版部联系，电话：010-62756370

"北京大学新中国留华校友口述实录丛书"
编委会

顾　　　问：郝　平　　林建华　　田　刚
　　　　　　　王　博　　朱善璐　　李岩松
编委会主任：夏红卫　　孔寒冰
编　　　委（按姓氏笔画排序）：
　　　　　　　丁　超　　马　博　　王明舟
　　　　　　　王　勇　　宁　琦　　任羽中
　　　　　　　孙祁祥　　孙秋丹　　李宇宁
　　　　　　　张　帆　　陆绍阳　　陈峦明
　　　　　　　陈晓明　　陈跃红　　周　静
　　　　　　　孟繁之　　项佐涛　　赵　杨
　　　　　　　贾庆国　　高秀芹　　康　涛
　　　　　　　蒋朗朗　　韩　笑
主　　　编：夏红卫　　孔寒冰

"北京大学新中国留华校友口述实录丛书"
总序

在几千年的文明发展进程中,中华民族形成了开放包容、和谐共生的文化传统。作为中国近代第一所国立大学,近一百二十年来,北京大学厚植中华文明沃土,饱览时代风云变幻,积极致力于"东学西渐"和"西学东渐",以开阔的视野和胸襟,为生于斯、长于斯的中华民族,也为人类命运共同体培养了一大批优秀人才,在中外关系特别是人文交流方面做出了巨大贡献。

  1952年9月,"东欧交换生中国语文专修班"的14名外国留学生调整到北京大学,标志着中华人民共和国成立后外国留学生留学北大的开始。六十多年来,北京大学已经培养了9万多名各种层次的国际学生,他们遍布世界各地的近190个国家和地区。北京大学的国际校友人数众多,覆盖国家和地区广泛,社会贡献突出而令人瞩目。他们来华留学的时段跨越了不同历史时期,亲眼见证了中国发生的翻天覆地的变化。更具体地说,他们构成了中国来华留学教育史的一部缩影,既是中国历史的见证者,又都在不同程度上是中外文化交流的探索者与践行者。许多学成归国的留学生已成为所在国同中国交流的重要桥梁。还有许多国际校友在本国政治领域、经济领域和外交领域里努力工作,对于祖国的发展和与中国的友好关系做出了杰出贡献。

  面向国际社会讲好中国故事,是加强中外人文交流的有效途径。北京大学国际校友的人生经历和他们讲述的中国故事,为理解中国的政治、外交、文化、教育的历史提供了独特的海外视角。不仅如此，他们对中国有深刻的理解和特殊的感情，在本国甚至在国际社会有较高的声望，是让国际社会全面了解中国的重要渠道。"北京大学新中国留华校友口述实录丛书"收集和整理的就是北京大学国际校友的成长记忆，重点讲述他们与中国特别是与北京大学的故事。通过对国际校友进行口述文献的采集、整理与研究，可以使国内更多的读者听到"中国好声音"和"中国故事"。此外，本套丛书还有助于系统梳理来华留学教育工作在不同历史阶段的发展历程和人才培养成果，为留学生教育总结经验，拓展学术研究领域，丰富国际关系史和国别史研究内容，进而推进北京大学对外开放和"双一流"建设。

2015年，本套丛书的编辑出版工作正式启动，由相关学科的专家学者对一些国际校友进行访谈，在此基础之上整理、出版了这套丛书，通过这种形式配合国家做好大国形象的构建，推动开展中外人文交流。在策划、出版这套丛书的过程中，作者努力以严谨的科学态度保证它们具备应有的学术价值和历史文献价值。考虑到口述者的特殊经历、个人情感以及因时间久远而造成的记忆模糊等因素,作者通过访谈第三方、查找资料等方式对口述内容进行考订、补充,成稿后又请口述者进行了校正。尽管如此,由于各方面水平所限,丛书中肯定还有不准确甚至错误之处,敬请读者批评指正。

启动两年以来,本套丛书受到了各界的关心、支持,也得到了许多领导和专家的指导、帮助。在这期间,丛书编委会的一些成员职务发生了变化,不断地有更多领导和专家加入进来,相关的访谈成果会越来越多,质量会越来越高。

谨以此书献给数以几万计的北京大学的国际校友,献给所有关心、支持、参与来华留学事业的人,献给北京大学120岁生日。

编委会主任　夏红卫　孔寒冰
2017年11月

序

大约是2016年6月的某一天，我接到了母校北京大学国际合作部的一个电话。对方用非常有礼貌的语气做了自我介绍，他是留学生办公室的陈峦明先生。他告诉我："为了迎接建校120周年，北京大学设立了一个国际校友口述史访谈项目。由于您在北京大学学习过多年，后来又做过驻华大使，了解中国，也为中阿两国关系的发展做了许多工作。所以，我们将您列为访谈对象之一。具体同您进行访谈的是北京大学国际关系学院中东欧研究中心主任孔寒冰教授。"

由于出国,我2016年9月才到北京大学国际关系学院,同孔寒冰教授具体商量如何进行口述史访谈。在这个学院的一个非常有格调的咖啡厅里,孔寒冰教授、陈峦明先生和我喝着特别香的咖啡,详细地讨论了如何实施我们的访谈计划,约定分别在北京和地拉那进行,那次友好亲切的交谈令我难忘。然后,我参观了孔寒冰教授的办公室。除了满书柜都是中东欧方面的图书之外,我印象最深的是这里还有一个特殊的"迷你世界",那就是书柜里挂满了来自世界各国的钥匙链,其中就有好几个是来自阿尔巴尼亚和科索沃的。他告诉我,这些钥匙链都有着他的特殊记忆。我很愿意做这样的访谈。对我来说,这是一个非常好的方式,让我可以回忆起我在北大读书,以及与老师和同学们相处的那些难忘的日子。那时,他们像对待家人一样关心我。刚到中国时,我的中文水平还不够好,跟不上老师讲课的进度。同学们给我辅导功课,教我不懂的汉字,老师们更是想方设法帮助我学习没有掌握好的知识,并一直鼓励我。所以,在这本书出版之际,我真诚地对他们所给予我的支持与帮助表示谢意。

几十年来,我从没有忘记北京大学,也多次回到美丽的燕园。可以说,我亲眼看到了北京大学各方面的巨大变化。现在的燕园,一切都可以用"新"字来形容,新的图书馆、新的教学楼、新的大讲堂、新的体育馆、新的学生宿舍……但是,博雅塔、未名湖及其周边的古建筑还在,更为重要的是,北京大学的优秀传统还在。作为一个曾经在这里度过美好大学时代的阿尔巴尼亚人,我可以通过这些讲述中阿两国之间那种特殊的友谊与感情。走出燕园之后,我不管在哪里工作,都没有忘记北京大学对我的培养,北京大学严谨、求实的办学态度令我受益终生。我为它跻身世界一流大学而感到自豪。科索沃战争爆发后,一个失去父母和家园的十来岁的小孩对记者说,我希望父母帮我,他们不在了;我想要老师帮助我,他们不在了;我呼喊上帝,上帝也没来。在困难和绝望的时候,他想到的是对他最亲的父母、老师和上帝。看到这个报道,我也马上想起北京大学的老师们。我要发自内心地说,他们永远是我的老师。我的北大的同学们也都非常优秀，他们用自己在工作中的成绩证明了这一点，而这肯定要归功于母校的培养。

另外，我还目睹了中国这几十年来发生的翻天覆地的变化，而这种变化在其他国家可能好几代人都看不到。荒地在很短的时间内变成现代化城市，科技发展达到了世界最先进的水平。高铁在这十多年间从无到有，并通到最边远的地方，而且还借助"一带一路"来到了国外。人民生活水平的提高也是过去根本无法想象的，中国已经成为世界第二大经济体。借这本书出版的机会，我想说，不仅我，不仅我的家人，还有所有阿尔巴尼亚人民，都为中国的快速发展而感到高兴。

最后，我非常感谢北京大学设立的这个国际校友访谈项目，感谢孔寒冰教授和陈峦明先生为此做出的辛勤工作。

塔希尔·埃莱兹
2017年2月于地拉那

Contents | **目录**

001 | 引　言

009 | 第一章　家乡·家庭·学校

031 | 第二章　20世纪40—60年代阿尔巴尼亚的对外关系

039 | 第三章　到中国去留学

047 | 第四章　在北京大学读书的岁月

077 | 第五章　大学毕业后的工作

093 | 第六章　第二次来中国学习

121 | 第七章　阿尔巴尼亚的社会转型

143 | 第八章　到中国当大使

177 | 第九章　在中国过着平民生活

203 | 第十章　中国印象

211 | 致　谢

引 言

本书的主人公是北京大学的国际校友、阿尔巴尼亚前驻华大使塔希尔·埃莱兹先生。在我这一代人的历史记忆中，阿尔巴尼亚占有绝对的"统治地位"。"欧洲的一盏社会主义明灯"的称谓，当时广泛传唱的那首《海内存知己，天涯若比邻》的歌，《地下游击队》《海岸风雷》《广阔的地平线》《宁死不屈》《第八个是铜像》等电影，都深深地印在我的脑海里，今生今世都不可能忘记。由于有这种历史记忆，我与塔希尔之间就好像有一种天然的亲近感，我称他塔希尔大哥，他叫我寒冰老弟。其实，做这个口述之前，我们并不相识。我是在北京大学国际合作部提供的国际校友名录中发现他的名字，又通过我的另一位阿尔巴尼亚老朋友马乔·拉科洛里找到了他的联系方式，并且得知他就住在北京通州区。后来，我们就联系上了。

塔希尔先生和我第一次会面是在我们学院的咖啡厅。他身材不高也不胖，满头银发，非常朴实也很精干。由于都有着特殊时代的情结，我们似乎有一种相见恨晚的感觉。当我和盘托出北京大学国际校友口述访谈的缘起并打算采访他的计划后，他没有半点迟疑就表示非常愿意配合做好这件事。在此后的近一年中，我多次去通州拜访过他的家。他住在珠江国际城，小区漂亮，家布置得也非常温馨。我们一谈就是一天，除中午出去吃点饭外基本不休息。我特别怕影响他休息，可事实上他的精力非常充沛。为了扫描老照片和进行实地采访，我还专程去了阿尔巴尼亚。塔希尔为此提前回国做各方面准备，安排我访谈前总统贝利沙和他弟弟、原《人民之声报》总编 M. 埃莱兹先生。除此之外，他还陪同我到斯库台、列日等地，实地向我介绍了阿尔巴尼亚的悠久历史和风土人情。

塔希尔先生是一个性格内敛的人，言谈举止十分儒雅，在轻声细语中讲述他既平凡又不平凡的故事。

说塔希尔的故事很平凡，那是指他过去七十多年的人生经历虽有起落但无太大的起落，虽有曲折但无太大的曲折。他主要靠自身的努力，从阿尔巴尼亚北部的一个小山村一步一步地走出来，到了斯库台，到了地拉那，又到了北京。从小学到中学，从中学到大学，从阿尔巴尼亚到中国，从地拉那大学教师到驻华大使，甚至在大使离任之后成为自由职业者，在塔希尔先生的叙述中，这一切都顺理成章，没有上天入地的大喜大悲。说塔希尔的故事不平凡，那是指它们都发生在不平凡的阿尔巴尼亚社会发展当中。他经历了阿尔巴尼亚社会剧变前后的两个时代，也经历了中国改革开放前后的两个时代，还经历了中国和阿尔巴尼亚在各自两个时代前后的相互关系。不寻常的历史时代既丰富又复杂了塔希尔的人生经历，所有起落和曲折几乎都与此有关。塔希尔所讲述的是他的人生经历，但映射出来的却是阿尔巴尼亚的发展和不同时期的中阿关系。

讲述的内容虽然平淡无奇，但是，塔希尔却充满着对家人的亲情、对阿尔巴尼亚人的族情、对阿尔巴尼亚的国情和对中国的友情，而所有这些，我可以真切地感受到，他都是发自内心的。

塔希尔出生在阿尔巴尼亚北部贾科沃山区农村的一个农民家庭。在讲到自己的童年和中小学时代时，塔希尔饱含深情地回忆起，母亲每天晚上是怎样给他及哥哥、姐姐讲当地的英雄传说，用英雄人物来教育和激励他们；父亲是如何不顾家庭生活困难而坚决送孩子们去读书；哥哥是如何从斯库台送他到地拉那上学；家人是如何为了不影响他在中国留学而仿效已经因病去世的父亲的口吻每周给他写信。我到地拉那时，应邀到他弟弟 M. 埃莱兹家里做客，更是感受到了一种非同一般的兄弟之情。他将保存了近半个世纪的老照片全都拿给我看，一张张泛黄的老照片映射着永存的亲情。

阿尔巴尼亚人是巴尔干半岛上的一个古老民族，建立一个所有阿尔巴尼亚人的阿尔巴尼亚是他们的梦想。但近代以来，由于复杂的巴尔干地区政治和欧洲政治，除了作为阿尔巴尼亚民族、阿尔巴尼亚国家之外，阿尔巴尼亚人还分布在不同的国家。塔希尔的家乡挨着科索沃，这里的阿尔巴尼亚人跨界而居。所以，他有一种跨越地界或国界的民族情结，对在南斯拉夫建立和解体过程中科索沃的阿尔巴尼亚族人的命运十分关注。在访谈中，塔希尔讲了许多由科索沃引起的民族、宗教、国内政治、地区政治和国际政治方面的事情。

塔希尔在中国留学、工作和生活长达几十年，但是，远在亚德里亚海滨的阿尔巴尼亚是他永远魂牵梦萦的祖国，一刻也不曾忘记。在他的眼中，阿尔巴尼亚改变的只是社会制度，不好的只是某种制度上的某些缺陷，而不会改变的是作为祖国的阿尔巴尼亚，是它的人民。1983年，香港歌星张明敏曾在春节联欢晚会上唱了一首《我的中国心》，红极一时。"洋装虽然穿在身，我心依然是中国心，我的祖先早已把我的一切烙上中国印。"如果将"中国"一词改成阿尔巴尼亚，那么，这首歌对塔希尔再适合不过了。无论是读书留学，还是做大使，塔希尔想得最多的就是怎样为阿尔巴尼亚的繁荣富强做出自己的贡献。

在访谈中，我还强烈地感受到塔希尔对中国、对北京大学的浓浓友情。他第一次来中国是在1961年，当时18岁，1966年回国，在中国学习了5年。他第二次来中国是在1974年，当时31岁，1976年回国，在中国又学习了2年。他第三次来中国是在1992年，当时49岁，在中国当了5年大使，1997年离任。离任之后，塔希尔基本上长住北京，至今已有25年，年纪已经七十有三。算起来，塔希尔在中国学习、工作和生活已经有32年了。对一个外国人来说，如果没有一种特殊的情感，不可能在异国他乡逗留如此之长的时间。塔希尔见证了中国在改革开放前后的两个时代，由衷地为中国取得的伟大成就而高兴，对中国社会的进一步发展充满了信心。作为北京大学的国际校友，他甚至记得在燕园学习时的日日夜夜，熟悉这里的一草一木。看到如今北京大学在各方面的快速发展，塔希尔对我说，他感到非常欣慰，祝愿北京大学早日步入世界一流大学行列。

这本访谈前前后后进行了近一年的时间。对我来说，收获的不只是整理出的这本口述实录，更重要的是又结识了一位真诚的阿尔巴尼亚朋友。从塔希尔身上和他的讲述中，我发现了许多值得我学习的东西。

第一章
家乡·家庭·学校

我是北方人，家乡在阿尔巴尼亚最北部的特罗波亚（Tropoja），当时叫贾科沃（Gakovo）山区。贾科沃是科索沃的一个城市，离我的家乡非常近。所以，我的家乡在未定边界之前甚至一直到1948年，几乎所有的关系，特别是经贸关系，都发生在贾科沃附近。毫无疑问，每个人都喜欢自己的家乡。我的家乡风景也非常美，有山有水。当然，冬天的时候，这里雪下得比较大，会给居民的生活带来一些困难。如果生活水平比较高的话，下雪多肯定是一件好事。蜿蜒起伏的山脉将阿尔巴尼亚北部同科索沃地区连在一起。整个阿尔巴尼亚和其他阿族居住地区的传统基本上是一样的或者变化不大。但很显然，与我的家乡近的地区在传统上共性要大一些。我们这里能听到一些与斯库台和相邻的科索沃共有的传说。这些传说的内容很丰富，都是用诗歌的方式表现反对侵略者、保护祖国的英雄人物。每个英雄人物都有自己的特点，但由于过去上过学的人不多，这些传说都不是由文字传承的，有关它们的书当时几乎没有，所以都是人们口口相传下来的。老一辈人就是用这些口传下来的英雄故事来教育和培养年轻的一代。

我妈妈知道很多这样的故事，小的时候，每天晚上如果她不给我和哥哥姐姐讲几个这样的故事，我们都不睡觉。直到今天，我还能记得那些用诗歌方式讲述的英雄传说的大致内容。这些故事都是围绕着两个主人公展开的，一个叫慕亚（Muja），另一个叫哈里里（Halili）。这两个名字在阿尔巴尼亚北方人中是特别常见的，我的一个弟弟就叫哈里里。慕亚这个名字的起源应该和"能""能干"有关。慕亚和哈里里都是英雄，其中慕亚的力量很大。在打仗的时候，如果不能用人间的力量取得胜利的话，他就会生出一种好像是上天所赐的神力。所以，打仗的时候他的力气比任何人都要大，比任何人都勇敢，他呼吸的声音好像刮大风，总是能够用各种各样的方式打败敌人。这种用诗歌方式讲述英雄传说或重大历史事件的叙事作品就是史诗，许多国家都有，如德国的《尼伯龙根之歌》、法国的《罗兰之歌》、西班牙的《熙德之歌》等。慕亚和哈里里就是阿尔巴尼亚人的英雄史诗，它们起源于反抗斯拉夫人向巴尔干半岛西部迁移的时候。每次讲完几个故事后，妈妈总是问我们喜欢哪一个，我们也会让她再讲一遍我们最喜欢的那个。大多数情况是她没讲完我们就睡着了。在我的成长过程中，这些英雄事故对我起到了激励和鼓舞的作用。

当然，这些故事讲述的不仅仅是打仗，也有生活中的平凡事儿，如描写民间习俗、自然风景等。比如，慕亚的儿子欧美尔（Omer）在战斗中牺牲，他的母亲埃古娜（Ajkuna）坐在欧美尔的遗体旁一边恸哭一边诉说着她的悲痛。再比如，哈里里的结婚场面和仪式，以诗歌的形式描绘出来，几乎可以说是十分完美的艺术品。据最近的一些报道称，由普里斯蒂那开始与地拉那合作，已经出版了十五部有关慕亚、哈里里及其战友的史诗。

阿尔巴尼亚有伊斯兰教、天主教和东正教三种宗教信仰。但是，信教者之间历来非常宽容，从来没有信仰上的冲突，异教通婚很平常，大家一起欢度节日，人们的观念都很开放。我们信仰伊斯兰教，但宗教意识不强。比如，伊斯兰教在饮酒方面的限制是很严格的，但我爸爸有时候和朋友可以喝点酒，但喝的不是很多。我爸爸为人特别好，也非常开放和包容。我小的时候他养蜜蜂，每次提取蜂蜜的时候他都先做两件事：给一家相当贫穷的邻居送一桶蜂蜜，将蜂蜡送给两家住得很远的天主教朋友。天主教家庭过节时需要蜡烛，但那时候买不到合成的或现成的蜡，所以我爸爸不卖蜂蜡，而是送给他们，他关心的是如何让邻居或朋友过好节日。我认为这也是一种文化，与家庭有很大的关系，这些对我们家来说都是很正常的事。

我出生的村庄叫马尔格盖耶（Margegaj），它来自一个人的姓名——Mark Gega，但这个名和姓都是典型的天主教的。这说明，在几代之前，这里都信奉天主教，后来由于奥斯曼帝国入侵的缘故，人们才改信伊斯兰教。所以，宗教信仰的味道不是很浓厚。在那个时代，这里的人没有上学的机会。但是，与许多家族一样，我爸爸的家族通常在晚饭之后与同乡在家里聚一下，非常认真地讨论他们所关心的事情，有时候主题也会是历史方面的问题或人物。一般情况下，这种聚会是一个人讲,其他人认真地听,人们相互之间非常尊重。这种交流方式有助于解决当时的难题,对培养下一代也起了非常大的作用。

由于当时的经济状况不好,我爸爸家族的人没法外出到很远的地方,但从不忽视与朋友、与外界的联系。比如,不管家里的活多忙,我爸爸总想着找时间去看看他的朋友,哪怕走上一天的路。同时,他也想方设法请他们到家里来。走出家门到很远的地方往往与反抗外来侵略和保家卫国有着密切的关系。我祖父和我年轻的伯伯参加过1912年的斯科普里起义。当然,有时候人们也会外出买些日用品。我母亲的家族经济条件也不是很好,但与外界的联系同样非常密切。我外祖父凭自己的努力得到了人们普遍的认同,人们相信他解决问题的能力。他时常受邀请或主动到各种场合帮助他人拿主意或解决问题,对社会的贡献是很大的。这些与他们的经济状况没有关系。

我家乡所在地区的中心是一个小镇,是我和兄弟们上学的地方。它是以一位英雄的名字命名的。这位英雄出生在这个小镇附近并且在相当长的时间里在这个地区进行爱国活动。他的名字叫伯伊拉姆·楚里（Bajram Curri）。20世纪20年代初，阿尔巴尼亚国内政治斗争特别激烈，阿赫梅德·索古实行独裁统治，引起民主人士的强烈不满。伯伊拉姆·楚里是著名民主人士之一，1922年就领导过反对索古统治的武装起义，但被镇压下去。1924年5月，伯伊拉姆·楚里又领导了争取民主的武装起义，一度控制了阿尔巴尼亚的大部分地区，6月在地拉那建立了主张进行激进改革的民主政权。但到年底，索古在国外势力的支持下将这场民主革命镇压了下去。1925年3月，伯伊拉姆·楚里被杀害。伯伊拉姆·楚里在阿尔巴尼亚的影响很大，所以，解放后我们的这个镇就改称伯伊拉姆·楚里。

1924年民主革命发生时，我祖父一家都积极支持伯伊拉姆·楚里，而我外祖父一家却是索古的拥护者。但是，政见的不同并没有影响他们的交往，我外祖父就将自己的女儿嫁给了我爸爸。当他的小女儿（也就是我妈妈）告诉我外祖父伯伊拉姆·楚里被杀害的消息时，他并没有因为政见的对立而高兴，而是流下了悲伤的眼泪。我外祖父说："以后再也找不到像伯伊拉姆·楚里这样的人了。"他的意思是说，伯伊拉姆·楚里是一个民族英雄，对阿尔巴尼亚的民族独立和国家的发展起了重要的作用，虽然政治观念不同，但这些都不能否认。所以，我们的家庭有很强的包容性。也正因如此，我的父母特别支持和鼓励他们的孩子外出学习。另外，村里哪家发生了纠纷，也都乐意请他们出面帮助解决。

1943年，我出生在特罗波亚的一个小山村里，父母都是农民。我出生后不久，阿尔巴尼亚就解放了，建立起共产党领导的社会主义制度。当时，阿尔巴尼亚人对社会发展都抱有很大的信心。共产党取得了政权之后，讲的都是要考虑老百姓的生活，在各方面改善老百姓的生活，要把阿尔巴尼亚建成一个更为富有的国家。事实上，阿尔巴尼亚在解放初期进步确实是比较快的，尤其是在扫除文盲、发展义务教育和医疗保健等方面做出了比较大的成绩。当然，那时候阿尔巴尼亚也面临着一些困难，也有一些不支持新政权的人，包括过去的部分知识分子。所以，国家对这样的人也采取了各种各样的措施，应当说那时候阿尔巴尼亚的社会状况还是比较复杂的，但总的来讲，要比第二次世界大战时期和战争之前的情况好得多。

我们的家庭很大，有二十多口人，叔叔和伯伯的全家也都和我们住在一起，一直到20世纪50年代才分开。那时候，我们家的主要生活来源是农业和畜牧业，除了种些地之外，还养了不少牲畜，有山羊、牛和马等。虽然过得比较艰苦，但是生活的最基本需要还是能够得到满足的。父母生了我们兄弟五个，我有一个姐姐、一个哥哥和两个弟弟。虽然家庭条件不是很好，但是我的父母非常重视教育。我姐姐是家中的老大，又是女孩子，需要帮助父母照顾弟弟们，所以只在七年制的学校读过书。那时候，阿尔巴尼亚的小学和初中在一起，共念七年，然后可以上中学和大学。我姐姐虽然学得很好，但只念了七年，后来在夜校上了中学。我的家乡只有一所七年制的学校，还没有中学，直到1958年才开办第一所中学。所以，哥哥和我上中学都是在外地。

我在家中排行老三，1957年从七年制学校毕业。按规定，毕业后我必须申请上中学。但是，我当时对上还是不上中学犹豫不决。为什么呢？除了中学离家比较远之外，主要的原因是我家的困难比较多。父母身体不怎么好，哥哥在读大学，姐姐已经出嫁了，两个弟弟年纪还很小，经济负担比较重。我当时已经十四岁了，想留在父母身边，尽可能帮助他们做些事情。所以，我对父母说："我虽然很希望上中学，但还是决定不去上了，在家帮你们干活。"父亲和母亲明确表示不同意我这样做："我们可以维持生活，你必须得去上学。"可是，我还是坚持我的观点，不想到外地上中学。最后，他们说："那好吧。"我以为他们同意了我的意见。实际上，看一时说服不了我，父亲就背着我直接找到教我的老师，请他替我申请上中学。直到批准通知下来，我才知道这件事。我父母虽然是农民，但心地善良，非常开明，始终支持孩子们读书。我父亲虽然从来没上过学，但他努力自学，练习写字，能够阅读报纸。我妈妈也是一样，她身体虽然不好，但一直到快去世的时候还把椅子当作纺织工具，纺织四边形的、图案为双头鹰的小地毯，还一边在椅子上练习写字。他们始终认为，孩子们必须要去读书，对将

1957年与父母、姐姐和弟弟的合影,左下角是塔希尔来家庭发展、家乡发展和国家发展来说，读书是一条最好的出路。所以，他们一定要想方设法让我们上学。

1957年，我来到了离家乡不太远的一个叫库克斯的小城市，在这里的中学读书。库克斯离我家虽然不算太远，但当时的山区道路非常不好走，坐车也需要好几个小时才能到。所以，在库克斯上中学的时候，我住在学校里。学校宿舍的条件是比较差的，但我还是很高兴并且对未来充满信心，因为中学毕业之后还可以上大学。在中学的四年期间，我觉得国家在各方面都很有前途。所以，除了上正常的课程之外，我还积极地参加学校组织的其他各方面的活动，比如，参加绘画组学习画画，参加文艺团体表演节目等。

在20世纪50年代前期，阿尔巴尼亚与苏联和东欧其他社会主义国家的关系都比较好。在读小学和中学的时候，我对阿尔巴尼亚同苏联较好的关系也有一定的感受，也看到和听说了一些有关这方面的事情。特罗波亚地处阿尔巴尼亚北部边远山区，但矿产十分丰富，据说苏联的地质勘探队到我的家乡进行过勘查。在农村能看到苏联赠送的拖拉机，当时的报纸也刊登过苏联援建纺织厂的消息。阿尔巴尼亚刚解放的时候，基本上什么工业都没有，所以建起一两个企业之后，人们就觉得它们很了不起。这些工厂的规模都比较小，那里的机器设备都是苏联给的。不过，这些机器设备据说既不是苏联的也不是新的。战后，德国、匈牙利和罗马尼亚等战败国向苏联赔款，其中一部分是以实物形式进行的。苏联将这些国家一些工厂里的机器设备拆除，但是没有运回苏联，而是把它们喷上点漆，转送给了阿尔巴尼亚。不管怎样，苏联的这种援助对阿尔巴尼亚的初期发展还是起了一定的作用。另外，发罗拉有一个比较重要的海军基地，那里有五六艘潜水艇，也都是苏联供给的。

正是在这样的背景下，我们中学和阿尔巴尼亚的许多其他中学一样专门开设了俄语课。其实，开俄语课在当时的社会主义国家当中是很普遍的做法。教我们的俄语老师是斯库台师范学院毕业的，他教得非常认真，而我们学得也很积极。那时候，我比较年轻，喜欢诗歌、文学，所以有时候也试图翻译一些俄文杂志上的诗歌，觉得苏联还是很亲的。我也知道在此之前毕业的一些同学都去苏联留学了，所以总的来讲心里好像跟苏联的关系比较近。但是，即使在那个时候，我们也认为光学俄语是不够的，所以要求学校给我们开设其他语言的课程，特别是像地拉那的一些中学那样能够再学一门法语、英语或德语。不过，那时候教这些语言的老师不怎么好找，因为特别强调他们的家庭背景，也就是出身要好，拥护共产党政权和社会主义制度。最后，学校还是找到了一位老师教我们法语。但没过多久，他被调到另外一个地方教书去了。我们的法语学习也不了了之。

就在我中学读书的四年间，阿尔巴尼亚的内部发展和对外政策都发生了比较大的变化。对外关系方面，特别是同南斯拉夫和苏联关系的变化，这些我下面再讲。社会发展方面，50年代末期，阿尔巴尼亚不仅遭受了洪水等各种自然灾害，而且农业合作化也开始出现问题。和东欧其他社会主义国家一样，阿尔巴尼亚解放后在农业方面也实行了合作化。应当说，刚开始的时候，广大农民虽然与土地、财产的联系十分密切，但还是听从党和国家的集体化号召，放弃自己的财产

1960年,在库克斯中学读书时的留影

而加入合作社。所以,阿尔巴尼亚的合作化进行得很快,到50年代中期,合作化的程度已经比较高了。比如,我们村的合作化就是在1956年完成的。但遗憾的是,到了50年代末60年代初,阿尔巴尼亚各方面的困难都显现了出来,连吃饭都成了大问题。我们家在合作化之前,有将近四百只绵羊和山羊,二十七头牛,还有两匹马,但因为合作化,这些牲畜都被集体化,属于合作社了。开始的时候,合作化的负面效果还不明显,可到了50年代后期,农民普遍没有生产积极性,劳动效率低下,对集体财产的关心程度远远不如对自己财产的关心。另外,原来不赞成共产党政权的人也并没有完全销声匿迹,有的甚至拿起武器试图进行反抗。总之,当时的阿尔巴尼亚面临着非常严峻的考验。

1961年我中学毕业,当时可以直接申请上大学。在50年代,除了可以进入1958年建立的地拉那大学之外,很多中学毕业生还可以到苏联去留学,也有不少人到东欧其他的人民民主国家留学。但从1960年起,阿尔巴尼亚同苏联交恶并影响到同其他东欧国家的关系。苏联不再援助阿尔巴尼亚了，1961年把发罗拉的潜水艇撤走，专家也撤走了。在这种情况下，中学毕业生不可能再去这些国家留学。也就是从这时开始，阿尔巴尼亚与中国的关系逐渐亲密起来。正因如此，我才有机会被选派到中国留学。这是我以前做梦都没有想到的事情。

那时候上大学不需要考试，首先是看你中学期间的学习成绩，其次看你在其他方面的表现。当然，除了这些以外，家庭背景和出身也很重要。比如，解放后我家属于中农，通过艰苦劳动，基本上满足了自己的生活需求。战后阿尔巴尼亚划分阶级成分时，主要分三个等级，即贫农、中农和富农，只是在少数的地方才强调有地主。说到这里，我想起一件事。划成分的时候，每家都要登记自己家的牲畜。当时，我们家有两匹马，其中一匹已经很老了，但给我们家干活的时间很长，所以老了也不愿意让它死在外面或者把它杀了，一直养着并照顾它。登记的时候，我父亲没有登记这匹马。他对登记者说："这匹马虽然还活着，但什么活也不能干了，不能算数。"可是，有人偷偷报告说我们家有两匹马，但我父亲只登记了一匹马。这是一种十分危险的情况，如果少登记了一匹马，你就可能被说成不想交税。因为这件事，我家几乎被定为富农和被贴上否认统一战线的标签，这就等于说我们家是敌人。什么时候都有许多很好的人，但是也有个别素质比较差的人。他们就因为这匹马没有登记，想把我们家定为富农。如果是富农，那就意味着你虽然不一定很富，但肯定不支持共产党政权和社会主义制度，也意味着一旦宣布我们家不是统一战线的成员，就可能会被关进苏联那样的古拉格。幸运的是，我父亲后来反复解释，总算把这件事说清楚了。其实，在解放战争的时候，我们家是抵抗者的基地，游击队战士时常来我们家吃饭甚至住在我们家。许多人后来都证实了这一点，但也有个别人把这件事忘掉了。我们家始终支持和帮助爱国人士，我的一个叔叔也是游击队员。正因如此，从第一次世界大战到第二次世界大战，我们家的房子被烧毁了三次。我爷爷因为支持1924年的民主革命而被逮捕，最后还死在监狱里。

我们姐弟五人有四个上了大学，只有我姐姐没有上。那时，阿尔巴尼亚连一所大学都没有，所以继续读书也不是很容易的事。我们家对男孩女孩一视同仁，但当时的社会环境对妇女虽然不能说是轻视，但总有一种比较保守的看法。由于这些原因，我姐姐虽然很希望去上学，却没办法。但是，我们兄弟四人都上了大学。在当地，这样的家庭并不多。我哥哥是在斯库台读的中学，毕业后就到罗马尼亚留学去了。他在布拉索夫学习林业，1961年毕业回国，被分配到斯库台的林业局。当时，阿尔巴尼亚只有一些比较大的城市才设有林业局。我大弟弟本来非常喜欢数学，但上了农业学院。农业学院的数学老师对我弟弟说："你干吗到农学院？你应该学数学。"为什么呢？当时政府有这样一个规定，在满足政治倾向、家庭出生和学习成绩等基本条件下，你可以向国家申请上大学的机会。但是，在你获得上大学的机会之前必须经过很多环节，如果在某一个环节出现问题的话，申请就会失败。不仅如此，即使国家批准了你的申请，你也很难去学你希望学的专业。这是因为分配到哪里去学习不是以考试为准，而要依据一些行政指示并受到人为因素的影响。所以，我弟弟虽然反复申请，最终还是被批准上了他没有申请的农业学院，虽然他的学习成绩很好，特别是数学成绩非常优秀。批准你上了不是你选择的专业，再改变几乎是不可能的事情。他别无选择，毕竟学农学也比上不了大学要好。另外，国家规定了一个家庭收入的界限，界限之下可以享受奖学金，界限之上则享受不到。不仅如此，即使家庭收入在界限之下，家中也只能有一个学生享受奖学金。我弟弟上大学一年级的时候我还没毕业，所以他必须要等到我毕业后再申请奖学金。还不错，他的学习成绩很好，反复要求几次后国家还是给了他奖学金。他毕业后当过农业合作社的社长、区行政委员会主席。一年之后，我的第二个弟弟也有过类似的遭遇。他在中学时学习成绩特别好，比较喜欢文学，在校内外的年轻人当中小有名气，曾在报纸上发表过文章和诗歌。刚开始时，有关部门也不批准我小弟弟上大学，后来由于他的坚持才批准他学习语言与文学，但是没有奖学金。这时候，我父亲已经不在世了，妈妈说再困难也要供我们上大学。我这两个弟弟上大学第一年的所有费用都是妈妈凑的。为了资助孩子们上大学，母亲把鸡蛋等农产品拿到镇上卖，一点一点地攒钱。

通过上大学，我们兄弟几个不仅改变了自己的命运，而且在各自的工作岗位上为阿尔巴尼亚做出了比较大的贡献。

第二章

20 世纪 40—60 年代阿尔巴尼亚的对外关系

在很大程度上，我之所以能到中国留学，主要是由于20世纪50年代末60年代初阿尔巴尼亚的对外关系发生了重大变化，特别是同苏联关系的破裂。

解放后，阿尔巴尼亚的社会发展与三个国家的关系比较密切，第一个是南斯拉夫，第二个是苏联，第三个是中国。

我主要讲讲阿尔巴尼亚与苏联的关系。在第二次世界大战中，苏联红军对于打败德国法西斯起了非常大的作用，但苏联红军没有到过阿尔巴尼亚，也没有其他周边国家的任何军队来帮助我们。战后初期，苏联同阿尔巴尼亚的关系很好，而且给阿尔巴尼亚很多的援助，这些我在讲我早年生活的时候已经介绍了不少。但是，没过多久，阿尔巴尼亚与苏联的友好关系就发生了变化。苏联和南斯拉夫关系破裂后，阿尔巴尼亚全面地倒向苏联。但是，1953年斯大林死后，苏联开始缓和与南斯拉夫的关系。1955年，赫鲁晓夫访问南斯拉夫。1956年，苏共承认南斯拉夫是社会主义国家。1957年，霍查和谢胡访问莫斯科时，赫鲁晓夫批评阿尔巴尼亚恶化与南斯拉夫的关系。在这种情况下，阿尔巴尼亚与苏联的关系开始发生变化，分歧和矛盾越来越多。再加上霍查为斯大林的做法辩护，情况就变得更为复杂。

这种变化当时的阿尔巴尼亚人都能感受到，广播电台和报纸每天都有这方面的消息。比如，苏联中止了同阿尔巴尼亚各方面的合同协议，原本要建的一些工业项目也都不建了。苏联不再向阿尔巴尼亚提供军事援助，发罗拉军港的苏联军事顾问和潜艇也撤走了。苏联对阿尔巴尼亚的一些做法很不公平，把它的分工计划强加给阿尔巴尼亚，试图让阿尔巴尼亚服从它的指挥。根据苏联的计划，阿尔巴尼亚需要变成一个农业国，完全成为一个没有任何工业能力的国家，只能生产一些农产品，然后运到苏联。阿尔巴尼亚所需的工业产品则依靠苏联。所以，人们已经能够感觉到工业产品的缺少，在商店里能看到的商品也越来越少了。当时，我正在读中学。本来我们毕业后许多人都可以到苏联或其他东欧国家去学习。这时开始有舆论说，将来可能不会再派学生了，甚至现在在苏联的学生都要回来。总之，阿尔巴尼亚和苏联关系的恶化，从很多方面都能感受到。当时有些文章认为，苏联在社会主义阵营中是老大，所以东欧的这些小的国家就像苏联的殖民地，苏联总是让这些国家服从它的命令。

同苏联关系恶化之后，阿尔巴尼亚从50年代末开始同中国走近了。阿尔巴尼亚与中国在1949年11月就建立了外交关系，但直到1954年才相互在对方首都设立大使馆。也是在1954年，即中华人民共和国成立五周年之际，阿尔巴尼亚政府还派了代表团参加中国的国庆活动。1959年5月中国国防部长彭德怀率领代表团访问了阿尔巴尼亚。他访问了好几个东欧国家，最后一站到了阿尔巴尼亚。在20世纪50年代中国便已经开始帮助阿尔巴尼亚，比如援建中学和大学的实验室和粉笔厂等。不过，这一时期援助阿尔巴尼亚最多的前三个国家是苏联、民主德国和捷克斯洛伐克。总的来说，阿尔巴尼亚同中国的关系还是比较平淡的。

作为一个普通人，我对这一时期的阿中关系感受还不是很深，对中国也没有什么特别的印象。1949年的时候我才五六岁,我记得,我叔叔有一天回家后跟大伙说:"告诉你们一个好消息,中国解放了而且也加入了社会主义阵营。"其实,在到中国之前,我对中国的了解十分有限,所知甚少。在中学时,我在地理课上知道了一些有关中国的情况。比如,中国的领土面积有多大,它与哪些国家接壤,有哪些主要山脉,出产什么物产等。除了这些之外,好像也没有什么特别的。我记得,那时候的地理要讲许多国家,每个国家都是按一定的比例讲授,所以老师讲中国也不比其他的国家多。我有时也从报纸上读到一点有关中国的报道,但不是很多,而且只能算作一些消息。除了这些之外,我知道台湾是中国领土不可分割的一部分,但还没有解放,被国民党占据着,国民党反对共产党,反对新中国。总的来说,那时候我对中国的了解基本上仅限于书本和广播新闻。

1960年在罗马尼亚首都布加勒斯特召开的各国共产党会议上,中国共产党和苏联共产党发生争吵,此后两党、两国关系开始恶化。在这一过程中,阿尔巴尼亚开始同中国站在一起,引起了赫鲁晓夫的强烈不满，苏联开始向阿尔巴尼亚施加压力。这促使阿尔巴尼亚进一步靠近中国。在这一年中国国庆节的时候，阿尔巴尼亚派了部长会议副主席率团访问中国，受到周恩来总理的接见。在一个月后召开的第二次莫斯科会议上，霍查公开挑战赫鲁晓夫，阿尔巴尼亚与苏联的关系彻底破裂。11月29日，阿尔巴尼亚驻华大使馆举行国庆招待会，毛泽东主席亲自到场参加。阿尔巴尼亚同中国的"蜜月"从此开始。我也正是在这样的背景下，同许多人一起来到中国留学。

第三章

到中国去留学

第三章 到中国去留学

1961年夏天,我中学毕业了。许多同班同学都拿到了去地拉那大学读书的通知,可我一直没有接到任何消息,就在家里帮着干活。好像是9月份的一天傍晚,通知送到我们家的时候,我正在海拔一千五百米左右的山坡上放几只羊。说"几只羊",是因为我家的其他牲畜都被集体化了。我弟弟气喘吁吁地跑来,对我说:"哥哥,通知来了,你要去一个特别好的地方读书了,去中国留学!"和我一起接到通知的还有我的另一个同学,也是去中国。的确,那时候能出国留学是一件非常幸运的事情,因为选拔的标准是比较高的。除了学习成绩要好,在各方面的表现都不错之外,家庭出身也非常重要。当时特别强调,如果你出生于一个富农家庭或者是对解放战争不支持的家庭,你就很难获得上大学的机会,更不用说到国外留学了。

我得知这个消息后当然是很兴奋、很高兴。那时候我哥哥已经从罗马尼亚留学回来,在斯库台林业局工作。他知道我要到中国去留学的消息后,就从斯库台回到家中,一方面看看家人,另一方面是想陪我去地拉那。按通知上的要求,所有去中国留学的学生都要到教育部开会。当时,从我的家乡到地拉那的路况很不好,好像直到 1950 年或 1951 年才修建了新路。我哥哥带着我和那位同学一同去地拉那。由于交通很不便利,所以我们开始是搭一辆卡车。在汽车开往斯库台的途中,我们碰到很多进行军事训练的阿尔巴尼亚人。由于阿尔巴尼亚同苏联关系恶化,所有阿尔巴尼亚人都要参加军训,要提高警惕,准备打仗,进行各方面的训练,时刻准备打退侵略者。这些参加军训的人都穿着军队的服装,拿着枪。可能是训练太累了,有人竟然一边走路一边昏昏欲睡。我们搭的车到富沙尔斯后不再向前走了,只好找另外一辆车到斯库台。我的家乡离斯库台有二百公里左右,到斯库台时天已经快黑了。这辆车只到斯库台,但我们还是想尽量当天到达地拉那。斯库台市附近有一个斯库台湖,湖水蜿蜒而下形成布那河,从斯库台到地拉那要经过这条河上的一座桥。我哥哥让我们俩到桥下面休息,他在桥上拦去往地拉那的车。最后,我们终于找到了一辆去地拉那的车,于当晚到达了地拉那。

我们到达地拉那的第二天便去了教育部,准备去中国留学的人都集中在那里。相关人员给我们开会,向我们交代有关留学的事宜。此时正值阿尔巴尼亚与苏联关系恶化，而与中国的关系大好之际，所以，我们这批去中国的学生差不多有一百人。在此之前，阿尔巴尼亚也向中国派过留学人员，但人数很少。第一批是1950年派出的，只有四五个人。他们来中国是为了学习丝绸工艺，所以全部到杭州大学去了。第二批是在50年代中期派出的，也只有两三个人。他们都在北京大学学习中文，我们来后不久他们就毕业回国了。我们在地拉那哪儿也没有去，只是在教育部开两天会。几乎六十年过去了，说实话我现在也记不太清了，有些印象的是有领导给我们做了一个报告。他主要讲了阿尔巴尼亚与苏联关系恶化，我们无法再去苏联留学了，同时也讲了中国是如何帮助阿尔巴尼亚的，并同意接受阿尔巴尼亚的留学生。他还说，到中国留学对我们来讲是一个很好的机会，应当为能到中国去学习而感到荣幸。到中国留学，要争取在各个方面都表现好，因为我们代表了祖国，代表了家庭。有关中国的情况，做报告的人好像没讲多少，我估计他也不是太了解。两天的会开完之后，教育部让我们回家等出发通知，同时做好出国的准备，出国的衣物都得自己准备，国家并不管。

于是，我又从地拉那返回家乡，做出国前的准备。家里条件不是很好，也做不起太多的新衣服。好在我哥哥刚从罗马尼亚留学回来，所以我可以用他的衣服、旅行箱。对于我去中国学习，父母和其他家人虽然知道中国离阿尔巴尼亚很远，但都非常高兴。父亲身体不怎么好，但对我说："你好好学习，不要惦记家，也不用担心我。我们一切都会好起来的。"实际上，我到中国后不到一年，父亲就因病去世了。

我在家等了大概两个多礼拜，然后就接到了哪天要走的通知。我再次来到地拉那，在那里搭乘苏联航空公司的班机。阿尔巴尼亚和苏联的关系虽然恶化了，但地拉那到莫斯科的航班还在继续飞，但过了两三个月就断掉了。我记得去中国的这一百多名留学生是分三批走的，我是第一批。在这批学生中，大部分人的年龄和我一般大，但有个别的人是工作过的，所以他们的年龄要大一些。我为什么要提这一点？因为我记得有三四个同学是从科尔察来的，他们比我们大十几岁,说话也有比较重的地方口音。飞机到了莫斯科之后,我们需要在那儿转机。在转机的过程中,我们很强烈地感受到苏联方面的不友好。那几个科尔察的同学不知带了什么东西,苏联边防人员就是不让过境,最终他们只好将东西扔掉才算了事。几十年后一个同学跟我讲,他每次出国经过苏联的时候都会带一些零钱,如小面额的美元,这样进出苏联海关或过境时的困难就要少得多。

从莫斯科到北京,我们乘的不是苏联航空公司的航班,但需要经停鄂木斯克和伊尔库茨克。我对飞机经停鄂木斯克没有什么印象,但对经停伊尔库茨克的印象却很深。到了伊尔库茨克后我们都下了飞机并进到一个很小的候机厅,里边有些沙发,一些苏联人穿戴着棉衣棉帽在沙发上睡觉并且打着呼噜。天气很冷,我们穿得很少,冻得够呛。飞机加完油后,我们重新登机,飞往中国北京。

我记得,到了北京,我们出了海关后,有一些中国朋友来迎接我们,对我们的到来表示热烈欢迎。由于我们不懂中文,接我们的人也不会阿文,所以交流只能用俄语。我们在中学时学的俄语很有限，口语练习也不是很多，但总归还能沟通。经过长途旅行，我们已经非常累了。很快，前来接机的人就带我们前往如今西三环那边的北京外国语大学，那时叫北京外国语学院。

来中国之前，我们一句中文都不会说，一个汉字都不认识。但是，我们都事先选好了要在中国学习的专业。我在国内获得批准的专业是物理化学。中学快毕业的时候，我们可以选三个大学的专业，还是有不少专业可供我们选择的。当时，我们也不知道将来能到中国读大学，在选专业时就将苏联及东欧国家大学的专业同地拉那大学的专业合在一起，所以我们有许多专业可以选择。我选择的第一专业是物理，第二专业是核物理，第三专业是外交。我之所以选择外交专业，是受我的一个在外交学院学习的同学的影响。我年轻的时候喜欢自然科学，但也喜欢文学、历史，学习成绩也很好，同时也觉得外交是一个很不错的专业。但是，我最终获得批准的是物理化学，并且是到中国去学。但到了中国后，我们首先要集中学习语言，所以第一年是在外国语学院学习中文。

第四章
在北京大学读书的岁月

第四章 在北京大学读书的岁月

我们这批阿尔巴尼亚留学生全都集中在北京外国语学院学习中文，分成好几个班。1961年正是中国的困难时期，但是学校为我们创造了比较好的食宿条件，尽量满足我们的要求。在住的方面，我们是两人一间，我同屋的也是阿尔巴尼亚留学生。屋里有暖气，但不是总供应，每天大概夜里送一次，一次有一两个小时。学校有一个留学生餐厅，有专门的厨师为我们做饭，吃得也比较好。那时候，中国同学都拿着饭碗在外面的食堂吃。北外的留学生主要是阿尔巴尼亚人，其他国家的人不是很多，我记得还有几个越南的、一个老挝的和两个苏丹的留学生。这可能是中国同阿尔巴尼亚关系特别好的缘故。为了丰富我们的生活，留学生办公室还想办法给我们搞一些活动，比如看文艺节目，到体育馆里看篮球赛和乒乓球赛等。文艺活动不是总有，但体育活动每天都可以进行。总之，我们留学时衣服和伙食方面的费用都是由中国提供奖学金解决的，每个月最多的时候有一百元人民币的奖学金。我知道，那时候一百元在中国是非常大的数目，许多中国家庭一个月也只有几十元。

过去半个多世纪了，刚进入北外时的情景我还隐隐约约地记得一些。比如，中国同学都穿着中山装，而且穿的都是一样的，深灰色的那种。再比如，我们接触的中国同学都是学外语的。预习或复习课程时，他们总是大声地朗诵课文或背诵单词，有学英语的，有学法语的，也有学俄语的。有些专业的中国同学几乎每个周末都开晚会，播放音乐或跳舞，有时也叫我们去参加。不过，这样的活动两三个月以后就基本没有了。冬天时，我们还有机会到露天冰场滑冰，通常都是跟中国同学或其他国家留学生一起。滑冰鞋是从冰场的服务站里租的，运动完了以后再还回去。为了丰富我们的课余生活，学校方面，特别是留学生办公室尽量给我们安排一些文娱活动，但也不是太多。

在来中国之前，我一天中文也没有学过。到北外后，我每天上几节课，然后回去复习一下。但是，有个别的同学感到学习中文非常困难，时间也比较紧张。刚开始学的时候，我也对能不能学会汉字心里没有底。

一是汉字长得奇怪,比较难写;二是发音也很难,尤其四声是非常难的。差不多每个汉字都有不同的含义,所以我特别注意汉字的搭配,学会一个汉字后,再用它与其他汉字组合。这样就能更全面地掌握。我们有中文课本,共两册。第一册大部分是生活用语,如见面问候用语或沟通用语等。刚开始教的时候,老师多半用俄语来解释。还有一位老师,如果我没记错的话,他姓张。张老师在黑板上写汉字时会在旁边标上阿尔巴尼亚文的相应词汇。然后,他转过身来看我们的反应,以便确认是否写得正确。如果大家看懂了,张老师就特别高兴。这些阿尔巴尼亚语词汇是张老师反复查找不同的双语字典得到的。我很注意与老师的互动以及与同学的沟通。所以,在学习中文的那一年,我的成绩是相当好的。有不少同学的学习成绩都很好,但也有个别同学学得非常困难,第二年仍然在学中文,甚至有个别同学没有学成就回国了。这样的人都是年龄比较大的,而且中学基础也不是很好。他们都已经工作了,由于各方面的原因而被派到中国留学,所以学习起来要比我们费劲得多。

我们在北外进行了差不多一年的中文培训，到1962年6月才结束。为了调节我们紧张的学习生活和进一步了解中国，第一学期结束后学校组织我们到外地参观，去了上海、杭州和南京。这是我们来中国后第一次到北京以外的地方，所以非常兴奋，对中国不同地域的独特文化也留下了特别深的印象。负责组织这次活动的是北外留学生办公室，主要的费用也都是学校支付的，但我们每人也交了大概30元。第一站是南京。那时的火车比现在的慢多了，所以坐火车从北京到南京好像用了二十多个小时。在南京，我们参观了紫金山天文馆和中山陵，游览了中山陵旁边的公园。参观的过程中，带队的老师给我们讲了一些孙中山先生怎样领导中国民主革命的情况，中国共产党怎样领导革命的情况，还给我们讲了一些有关蒋介石的情况。晚上，我们还看了一场文艺演出。在上海，我们参观了好多地方，但印象比较深的是外滩。外滩那边有一个公园，过去是英国的租界地。里面有一座很漂亮的楼，原是英国人建的，后被改用为青年宫，主要对青少年进行革命教育。然后，我们又坐车到了杭州。杭

第四章 在北京大学读书的岁月 | 053

1963年在北京留影

1963年与吴方成同学在北大合影

州的名胜古迹比较多，自然风景也很漂亮，尤其是西湖和西湖旁边的六和塔。在杭州，我学会了"上有天堂，下有苏杭"这句话。

通过这次旅行，我真切地感受到在文化方面阿尔巴尼亚和中国的差别特别大，不同的地方太多了。在这次五天左右的旅行参观过程中，我们受到了特殊的照顾，每到一地都是住在很好的宾馆里。但是，我们只是在这三个城市里参观，没有能够到农村去看看。由于已经学习了几个月汉语，所以我们可以进行简单的交流了，但有时候表达不出来。在西湖坐船时，驾船的师傅是当地人，他讲的话我们谁都听不懂，老师也听不懂，最后只好找一个人帮着沟通。我们觉得特别奇怪，中国人怎么也不会普通话？后来才知道，他说的是浙江方言。

阿尔巴尼亚在巴尔干半岛的西边，中国在亚洲的东边，两国相距万里之遥。所以初到中国，我对文化差异的感觉是多方面的。比如，吃饭的时候中国用的是筷子，而我们用的是刀叉。中餐和西餐的差别也很大，但留学生食堂里主要是以西餐为主，当然也有中餐。一开始，我对中餐不是很习惯，但很快就适应了，我现在也很喜欢吃中餐。比如，我们刚从阿尔巴尼亚来的时候都穿西装，到中国后也逐渐改穿中山装了。北京的冬天比较冷，我们在阿尔巴尼亚不穿棉袄，所以学校就给每人发了一件。习惯的不同有时也表现在同中国人的交往过程中。实际上，我当时跟中国同学相处得很好，可是没法开玩笑，好像我们之间开玩笑都没什么反响，相互之间总觉得差点什么。后来明白了，这也是文化差异造成的。阿尔巴尼亚人和中国人开玩笑的方式不一样。外国人演的喜剧中国人看了不一定乐，而中国人说的相声外国人听了可能也不会笑。另外，当时我们对中国的风俗也感到很奇怪。有一次，我们在校外碰到一群人吹吹打打，其中有人敲打一种比较简单、像盘子似的金属乐器。我们觉得奇怪，这是怎么回事？后来，我们就问路过的人。他们说，这是给去世的人送葬。

1962年暑假之前，我们结束了在北外的语言培训，然后就被分配到不同的大学学习专业了，有的去了东北，有的去了南方。当然，更多的都留在了北京，除

在北外与阿尔巴尼亚同学合影

在北大留影

了北京大学、清华大学之外,还有去钢铁学院、地质学院、纺织学院的。总的来说,我们学的专业要尽可能和阿尔巴尼亚当时的社会发展需要结合起来。我记得还有几个同学去了辽宁旅顺学习潜艇技术。就这样,我们这批共一百多名学生在中国各地学习阿尔巴尼亚特别需要的不同专业。大概不到三年,就有差不多一半的人被召回国了,当时阿方说这些学生可以回地拉那大学继续学习,其实主要原因是他们当中有一些不是很用功,也有个别的人身体不怎么好。所以,政府才把他们召回国。但是,回国的学生中也有一些例外的，他们回去后在地拉那大学学了其他的专业，在后来的工作中做出了很大的成绩。我有一些关系很好的同学，他们原来在北京钢铁学院学习，回阿尔巴尼亚之后有的改学英语，有的改学机械。他们毕业之后为阿尔巴尼亚做出了很大的贡献，有的留在地拉那大学教书，有的参与了中国援建的很多项目，如爱尔巴桑钢铁厂、水泥厂，拉齐化肥厂，卢比克炼铜厂和纺织厂。其中，有位同学刚毕业回国不到两年就被任命为卢比克炼铜与电解工厂的厂长。二十五岁就当上了厂长，他真的很不简单。

我们六七个同学分配到了北京大学，我是在化学系，专业是学物理化学。我在北大学习了六年，1968年暑期毕业。加上在北外学习语言的时间，我一共在中国上了七年学。进入北大之后，我住在靠南门的26楼，当时叫26斋。住在这里的留学生除了阿尔巴尼亚人之外，还有欧洲其他一些国家的留学生，如罗马尼亚、匈牙利、瑞士、保加利亚，每个国家大概有一两名学生。后来，法国还来了一批短期学习汉语的留学生。但是，亚洲的朝鲜和越南的留学生很多。25楼住

1964年,与北大的同班同学合影

的全是越南留学生。留学生办公室也在25楼里办公。27楼住的是女留学生。听说现在这些楼都拆了，有点可惜。第一年的时候，我和另外一个阿尔巴尼亚学生住一个房间。第二年，北大就选了一些中国同学跟我们住在一起，我的室友也换成了中国同学。

北大和北外完全不同，不但学校大，风景也不一样。更为重要的是，到北大来已经不是单纯学语言了。在北外的时候，我觉得学习相对来说比较轻松一些，因为你再用功也是从课本上学，考试也是考课本上的内容。每次我考得都相当好，学习负担没那么重。但到了北大后，我得跟中国同学在一块学专业课。其中，教数学的那位老师是上海人，他的普通话虽然说得还可以，但也有比较重的地方口音。我听起来比较费劲。物理和化学等一些课我刚开始几乎听不懂，所以，每次上课时我都坐在前排，说实话压力也比较大。数学课上即使有的数字或有些话是听不懂的，但因为原来中学的基础比较好，所以我自己课下看看书就基本上可以明白。可是，化学课上数字并不多，老师讲的某一个化学反应为什么会发生，不同的化学元素在某些条件下会产生什么化合物等，我听起来觉得相当困难。所以，在北大的第一年实际上还得提高中文水平。为此，北大又专门给我们编了一个单独的班，来提高我们的中文。我们是一边学专业一边学汉语，而且难度是不断加深的。我的中文成绩一直很好，即使难度加大，我也没有什么大的困难。负担最重的是那些专业基础课，第一年的时候主要有普通物理、无机化学和数学，另外还有中共党史。

虽然有这些困难，但是在老师和同学的帮助下，我都克服了。比如，有些课是要在实验室做实验的，物理得做实验，无机化学也得做实验。学校想得很周到，选一些非常优秀的中国同学和我们住在一块。因为学生很多，有时老师也没有时间管我们，这些中国同学就成了我们的辅导员。他们的辅导和帮助对于我们完成学业起了非常大的作用。他们不仅是我们的辅导员，而且在一起学习和活动的过程中也成了我们非常好的朋友。对他们的印象我一直很深刻。其中有几位同学我记忆犹深。一位是任仁同学，他毕业后在中国人民大学教书。任仁出身于教师家庭，非常有修养，可能比我小一岁。那时候我有些汉字看不懂,老师讲课也跟不上,他非常耐心地帮助我,讲得很慢,一直到我明白为止。另一位名叫吴方成,是辽宁人,后来去了美国,2015年因脑血栓去世了。齐思成也是其中之一,他后来在天津的一个染料研究所工作了好长时间。还有一位叫郑世军,后来在石家庄的一所大学当校长。他们在我读化学系期间给予我很大的帮助,毕业后在各自的工作岗位上也做出了突出的成绩。

在北大的第一年对我来说是比较困难的,不仅语言没有完全过关,而且要习惯新的专业教学方式,因为与在北外学汉语时的教学方式完全不同。所以,在北大的第一年对我来说既关键又比较难。后来我慢慢地适应了,而且跟同学也熟悉了。教我们无机化学的老师是华彤文。每次讲完课后,她总会问我跟得上还是跟不上。有一次,我在宿舍前面与同学打排球,教分析化学的张锡瑜老师刚好路过,我虽然跟他打了招呼,但觉得在这个场合见到他很不好意思。第二天上课时,张老师对我说,很好,休息时运动一下也不错,但要记住玩的时候不要想功课,学习的时候就集中在功课上忘掉玩。另外，我跟教分析化学的李安模老师的关系也很好。不过，我时间非常紧张，因为是学理科的，实验特别多，有时候连续三四节课的实验，作业也不少。到了三年级的时候，化学实验要合成一些化合物，我在实验室里待的时间就更长了，总的来讲就是没有什么空闲时间了。虽然很忙，但是我也经常参加体育锻炼，如滑冰、篮球赛和排球赛，和同学在一块打乒乓球、踢足球等。

在北大学习的这几年中，我对化学系老师有着比较深刻的印象，尤其是对讲分析化学的老师们印象比较深。他们的教学方式与分析化学一样，非常有特色。但是，我必须首先强调的是，不管是学什么课程，我都十分认真，而老师们也都非常照顾我，尽量帮助我。比如说，在实验室做实验的时候，我如果有什么问题，他们就尽可能详细地、非常耐心地给我解释。做有机实验时，花文廷老师就是这样。他们上课没办法特殊关照我，但下课一定会问我能不能跟上，需不需要辅导，有时还委托其他老师或做习题的老师辅导我。李安模老师还当了北大的副校长。他做过青年团工作，也很喜欢体育运动，曾是学校的篮球队员，跟他接触感觉更亲近一些。还有一些教无机化学的老师，也给予过我很多帮助，可现在我说不出他们的名字了。我离开北大后与他们的联系不多。20世纪70年代，我在大连化物所学习的时候，到北大参观了一些实验室，见到了原来教过我的一两位老师。1998年北大百年校庆的时候，我再次回到母校，见到了不少老师，其中就有教有机化学的张滂教授，当时他已经九十多岁了。张老师毕业于英国牛津大学，非常有学问。这一次我还见到了华彤文老师、年级辅导员齐大荃老师以及其他几位，他们还像当年那样热情地接待了我。

在北大学习期间，我也参加过中国大学中的"开门办学"实践活动，时间是在1964年。当时北大和其他大学一样也在进行教育改革，比如说考试时是开卷的。另外，中国学生还时常到农村去，但并不待很长的时间，只参加一些农村的生产劳动。我多次向留学生办公室提出跟中国同学一起去农村的要求，但始终没有获得批准。直到1964年才获得批准，我和一位越南留学生到中朝友谊公社去劳动。这位越南同学是学

1965年在农村劳动

语言的，他的父母中有一方是中国人。留学生办公室的柯高老师陪我们一同去，不仅帮我们安排劳动的地方，也为我们找了住的房间。那时候蚊子特别多，也没有蚊帐，所以夜里睡不好觉。我们在那里住了好几天，参加水稻的插秧劳动。插秧时，水田的田埂上有一个比较大的桶，村民把烧好的水放在桶里，我们在休息的时候去喝。大家都用一个杯子，休息一会儿后再继续干活。插秧很累，我们不习惯干插秧这种活。干了几天，柯高老师说，劳动任务已经完成了，我们可以回去了。

我在北大读书的时候，也是中国政治运动频繁的时期，北京大学也不例外。但是，我们外国留学生属于局外人、旁观者，因此很少参与。偶尔也去开过会，但总的来说并没有参加到活动当中。有一次，中国同学要排一个话剧，里面有一个美国人的角色。剧组人员曾问我愿不愿意扮演，我当时有点犹豫，害怕自己做不来。后来他们说不用了。虽然无法参与到当时中国的社会运动当中，但是我在北大读书那几年却真切地感受到了中国的政治氛围。在个别的时候，我也跟

1965年在哈尔滨

1965年在长城

中国同学一起参加过天安门广场的游行活动。我认为，那几年中国在经济上看不到太大的变化。老百姓穿的、吃的和住的都差不多，没有什么不同，但计划性越来越强。北京的市容、北大的校园建筑也都没有什么变化。然而在政治上，那时候我们强烈感受到的是从上到下反修防修的问题，即中国共产党批评苏联共产党的修正主义。对此，我们还是很关心的，每天都看报纸上怎么说。1964年，中国还发生了一件使我们非常兴奋的事情，那就是第一次核试验成功。那时候我感到我们的命运是和中国紧紧地连在一块的。中国有了核武器是一个非常了不起的事，是我们共同的节日。北京大学的学生报纸让我写几句祝贺的话，我写了并请中国同学修改了一下，然后刊登了出来。我所写的内容主要是表达振奋的心情，祝贺中国核试验成功，我作为阿尔巴尼亚人也感到非常高兴。加上后来的，北大有十来个阿尔巴尼亚留学生。我们也成立了一个青年团，我被选为负责人，所以我跟留学生办公室打交道比较多一些，把我们的要求和想法及时告诉办公室的老师。他们对我们非常友好，尽量帮助我们解决问题。有时某个阿尔巴尼亚学生做错了事情,留办的老师会用很友好的态度跟他说要注意什么,应当怎么办。

1966年,中国的"文化大革命"开始了,我正在读四年级。北大那时留学生本科的学制是六年,正常的话,我们应于1968年7月毕业。"文化大革命"初期我们留学生还是能继续上课的,但大部分的中国同学基本上都不上课了。所以,有一段时间老师就单独以辅导的方式给我们上课。后来中国同学要下乡或者到工厂"开门办学",我又继续上了差不多半年的课,老师只给我们少数几个留学生讲。说实话,老师很希望讲课,但效率不是很高。一方面,中国同学都"开门办学"去了;另一方面,老师本身除了上课还要开许多会,精力很分散。

中国的"文化大革命"是从北大贴出的第一张大字报开始的。听同学说起这件事之后,我也去看了那张大字报。然而,我更为关注的是《人民日报》上的文章,它们都批评修正主义的思想。我们每天都读这类文章,也跟中国同学接触,他们有时会给我们介绍

1965年在辽宁千山

相关情况，我对这些也非常感兴趣。我对报纸上的这类文章看得很细，但也不能判断是正确还是不正确，语言方面也有一定的困难。但是，这些文章都是《人民日报》刊登出来的，所以我基本上是接受报纸上所讲的内容的。阿尔巴尼亚驻华使馆叮嘱我们说："你们不能参与这些事情。"但是，看到大字报上批判一些老师，我们心里感到非常不舒服。在我们的印象中，他们并没有做出什么该批判的事情啊。特别是一些专业方面的老师也都被批判了，如教有机化学的老师、柯高老师等。我们对于这些完全不明白。"文化大革命"开始后无法再继续上课了。这时我的专业课已经学了一段时间，中文也比较熟练，听说、读书基本上都没有障碍了。我记得"文化大革命"开始前半年多，中国出版了一本红极一时的小说《欧阳海之歌》。我也买了这本小说，并且很认真地把它读完。

我在中国的那几年，特别是在北大读书期间，中国共产党与苏联共产党、中国与苏联的关系不断恶化，而阿尔巴尼亚与中国的关系却持续升温。对于这些，我们在中国的留学生也深有感受。那个时候，外国人在中国是很少的，苏联人就更少了。阿尔巴尼亚人则比较多，国家虽然很小，但是除了学生之外，还有一批一批到中国来实习的工人、技术人员。他们不是来学习专业，而是为中国在阿尔巴尼亚援建的工厂培养技术人员，跟中国专家一起工作。由于我们两国之间的关系越来越密切，除了越来越多的留学生，阿尔巴尼亚派到中国的各种代表团也越来越多，经贸、文艺、体育、军事等各个方面的代表团都有。因此，在这一时期，我们跟中国人，不管是朋友还是同学关系都特别好，彼此感觉很亲切。报纸上发表了什么重要文章后，大家都愿意交换意见和看法。甚至走在大马路上，我如果说自己是阿尔巴尼亚人，大家都会很亲切地对待我，其他外国人是享受不到这种待遇的。那时候来中国的外国人很少，北京的外国人也不多，中国老百姓大都不敢靠近或者与外国人说话。

在我的记忆中有这样一件有趣的事。1965年，我在北京参加了国庆庆祝活动。天安门广场被划成一块一块的，北京大学在哪儿，清华大学在哪儿，某个工厂在哪儿，都标记得十分清楚。我们几个留学生原本

在抚顺露天煤矿

在北京大学这个区域，可后来我们走来走去就出了北京大学的圈儿。我们碰到其他的中国朋友，他们问我是哪国人，我说我是阿尔巴尼亚人，正在北京大学读书。他们一下子把我抬起来，说我们是战友，是朋友。我在中国当大使的时候，新西兰大使向我讲了他的一次经历。当时他在新西兰驻华大使馆工作，会讲汉语。有一次，他外出找不到出租车，上公共汽车时好像也遇到了不愉快的事情，反正僵持了好半天。后来，这位新西兰朋友说他是阿尔巴尼亚人，司机马上就让他上车了。我想说的是，在那个时代阿尔巴尼亚人在中国还有着特殊的待遇呢。

当然，我们也特别关注当时中国和苏联的关系。60年代初的时候，中苏两党已有了摩擦，但很多都不是公开的。我们虽然常看报纸，但是语言水平非常有限，只能看懂一些题目，但还可以通过一些接触和观察感受出来。所以，我们也特别担心，将来中国和苏联的关系、阿尔巴尼亚和中国的关系会怎么样。阿尔巴尼亚驻华使馆每个月都会组织我们在使馆里开一次会，也给我们讲一些国际方面的情况，包括中阿关系和中苏关系。我们的感觉是阿尔巴尼亚与中国的关系越来越好,两国之间的关系越来越密切。但是,我们也感到中国开始批评苏联共产党的修正主义道路,而且批评得越来越公开、越来越明显。从阿尔巴尼亚的角度说,我们并不希望中国和苏联关系不好,可这又决定着阿尔巴尼亚和中国的关系,因为中国公开批评苏联之后,中阿关系确实变得更好了。双方不仅各方面的交流增多了,而且更加强调中阿之间存在战斗的友谊,强调中阿两国人民是战友。

第五章

大学毕业后的工作

第五章 大学毕业后的工作

1969年我大学毕业的时候,地拉那大学自然科学系希望我能留在物理化学教研室搞教学和科研工作。由于两个原因,我没能留在地拉那大学。第一,当时受到中国的影响,阿尔巴尼亚也有一个政策,大学毕业生要先到基层去待一段时间。第二,我还有"家庭历史问题"。根据当时的政策和不同官员的处理,这一点有时被看得很严重,有时又不很严重。就这样,1969年8月,我被分配回家乡,在伯伊拉姆·楚里镇的一所八年制的农村学校里教书。我上学那会儿是七年制,后来改为八年制,相当于小学和中学。

这所学校的学生和老师都不少,然而,我是刚从中国留学回来的,本来地拉那大学要留我,有些科研单位的实验室也希望我去。在那所学校,我所教的课程和我所学的专业没有任何关系。幸运的是,过了三四个月,当地的行政委员会决定把我从学校调出来,到一个地质企业的实验室工作。当时的阿尔巴尼亚在地方上是党委和行政部门双重领导,但实际上行政委

与弟弟慕罕默德（右）合影

员会也是听党的。所以，调换我的工作实际上可以说是党的决定。这个企业主要是搞地质勘探的，需要各方面的专业人才。比如，有些专家会通过测算地质年代推断地下有什么矿物，有些专家则负责勘探。除了这些之外，企业还需要有一个实验室，以便对采集到的矿石样品进行分析。但是，当时企业里根本就没有这样的实验室。我来到这家企业后，一方面协助实验室的规划设计，给设计师提一些建议；另一方面准备实验室所必需的设备和化学试剂。

当时，一个中国的地质队来到斯库台，帮助阿方的地质队进行地质勘探方面的工作。我们那个区的领导就跟地矿部领导提议，能不能让中国专家到我们那里做一些指导性的工作，因为斯库台的地质状况和我们那里的地质状况差不多，都属于阿尔卑斯山脉，共同和类似的问题比较多。地矿部同意了，所以中国的地质队来到了伯伊拉姆·楚里。我在中国留过学，会讲中文，经过一番协调以后，我有时候会陪中国地质队到山上搞勘探，给他们当翻译。中国这支地质队有六七个人，其中有两位是俄文翻译。一位因为身体不太好提前回国了，另一位实际上也没有发挥太大用处。我同他们在一起断断续续工作了两三年。我同这些中国专家相处得很好，因为我离开中国也很长时间了，所以很想念中国。与他们打交道使我又有了使用中文的机会。这些中国朋友待人非常友好，虽然这个时候阿中两国之间的关系因中美关系的缓和而开始有了矛盾和分歧，但是中国地质队的专家的工作态度特别认真。说实话，我们地区的领导也想尽量满足中国地质队各方面的需求，但是这里也牵涉一些生活习惯问题，尤其是在吃的方面，而我们那儿许多食材都找不到。当时，为了这件事专门派了一个人和一辆车在阿尔巴尼亚从南到北跑来跑去，最后效果不是很理想。我记得，当时阿方在一栋楼里给他们提供了两三套房子，尽量装修得好一些，厨房和卫生间都有，还给他们配了一个厨师。可是，这个厨师根本不会做中国饭，中国专家们也不习惯阿尔巴尼亚的饭。所以，有时候他们尽量自己动手做饭。但是，要做些中国菜又找不到原料。中国人喜欢吃的是猪肉，可我们那边几乎没有，牛肉和羊肉却很多。当地的居民没有吃猪肉的习

第五章　大学毕业后的工作　| 083

加入地质企业足球队

1970年,与中国地质队的工程师们在一起

1970年,与中国地质队的工程师们在斯库台

惯，所以合作社那时候不养猪。居民如果想养猪的话，只能在合作社允许的情况下养一头，而且只有冬天的时候才能杀掉。因此也没办法问他们卖不卖。

当然，关于他们的记忆更多的还是在工作方面。有一次，我和中国地质专家们爬上了一座在我们那儿来说很高的山，目的是为了了解阿尔巴尼亚地质队在那里发现的铝土岩的情况，并指导他们工作。现在那里是非常吸引人的旅游区瓦尔柏那。村庄和旅游区的名字都和经过那里的瓦尔柏那河有关。那里的高山上有比较多的铝土岩。从山下到山上，每次差不多要爬三个小时，山坡特别陡。我虽然是在山区长大的，但跟他们爬上去也非常吃力。到了现场后，大家一起讨论所要做的工作。当时要做的工作有很多，其中之一就是勘探，采取的是爆破方式。这种方式需要挖很多坑，隔十米或者二十米要挖一个，再根据实际情况进行分析。中国的地质专家们工作特别认真，也很严谨。他们对阿方人员说，这些工作做完之前不能下任何关于储存量的结论。我特别欣赏他们这种严格的科学态度，这也是我对中国地质队的评价。我到北京当大使后，中国地质队的那位翻译还联系

1970 年在斯库台

过我,他住在沈阳。

在这段时间,我有时候去地拉那地质研究所的实验室给我家乡的地质企业做一些样品的化学分析工作。我在这个地质企业工作了不到三年,1972 年就离开了,到地拉那大学从事教学和科研工作。我在地拉那大学工作的时间特别长,从 1972 年到 1992 年,共二十年。我工作的具体单位是自然科学系下属的物理化学教研室。那时候,地拉那大学的教职员分为两大类,一类以教学工作为主,科研工作为辅;另一类以科研工作为主，教学工作为辅。我是属于第二类的。说是以搞科研为主，但当时没有任何搞科研的条件。举例来说，当时我们有一个关于催化剂的科研项目。可是，这个项目需要分析、合成的设备，而这些都没有，只能做一些简单的分析。所以要想在这方面做出一点成绩是很难的。这主要是由于阿尔巴尼亚的经济基础很薄弱，国家没有钱。1983年，我们科研组要做一些关于催化剂合成的初步工作。搞这项研究所必需的设备需要从德国买，我们派人去了，也跟卖方签了合同，但最后还是没有买成，因为缺少资金，特别是缺少外汇。我们那时候使用的很多设备和化学试剂都是从中国进口的。从中国进口可能好办一些，费用要低得多。但是，有一些比较高精度的设备中国也制造不出来，在其他国家买是很贵的。

我一生做过许多工作，但在地拉那大学工作的时间最长，有二十年之久。不过，我只是一个普通的教研室的工作人员。我和其他同事一样，都希望工作联系实践，能对阿尔巴尼亚的化学工业做出一定的贡献。我们当时认为在催化剂合成领域做一些工作是个很好的课题，但是这得量力而行。这一类的科研项目确实和我们所教的课程是密切联系的。不过，被用在石油加工或者化肥工业上的催化剂种类比较多，相对来讲，有简单一点的也有很复杂的，有比较便宜的也有很昂贵的。相应的生产工艺一般都是不公开的。在当时的条件下，我们必须考虑国产原料的利用，必须研究它们的性能，尽量改善质量，以便更好地为科研项目服务。比如，在石油加工中有一些催化剂，它们用高岭土作为载体。高岭土的其他用途也相当多，在陶瓷工业中可以用，作为吸附剂也不错。这样，我们从不同矿源的高岭土入手，选了质量好一些的在不同条件下压成颗粒，对它们的硬度、表面积等进行测试。对催化剂而言，我们知道研制出相对来讲不太复杂的一种也不是容易的事，因为人力有限，也缺少相关设备。我和同事们付出了很多辛苦，但至少弄清了一些原料的性能并更合理地利用它们。所以，我们的工作也不算是白干。另外，活性炭的用处也比较广，在实验室条件下用不同的国内原料也生产出了相应的活性炭。

在这期间我们又开始研制分子筛的合成。它是硅

第五章　大学毕业后的工作 | 089

1970年在斯库台

铝酸盐，最常见的是硅铝酸钠。这种物质具有非常小的、特别均匀的洞。洞的直径和小分子大小差不多。自然界里也存在这一类的矿物。合成分好几种类型，主要以洞的大小为准。当不同大小的分子混合物经过分子筛层时，尺寸小于洞的直径的分子可以进入洞里，而大的分子则流过去。这样可以实现分离作用。其中一个典型的例子是分离用的分子筛色谱技术。在液态自然气里水含量必须控制在体积的百万分之一以下（小于 1ppmv），只有用分子筛才可以比较容易地达到干燥效果。在石油工业中，除了作为干燥剂之外，分子筛也可以当催化剂用，如异构化催化剂等。呼吸用气的过滤也是用分子筛实现的。分子筛的用途在日益增多，其合成技术那时候在国外已经比较成熟了。由于合成原料比较简单，在国内就有，合成用的设备也不是很复杂，所以我们开始努力进行分子筛的合成工作。通过一些人事关系，我们在当时的拖拉机厂定做了不锈钢合成设备。在实验室里，从小规模到规模稍微大一些，我们合成了几个常见的分子筛种类。虽然在国外早就合成过了，但是对我们来讲它的成功还是一个很大的鼓励。

除了以上所说的之外，我在这二十年中有时候也会转到教学方面，主要教化学专业的学生，在实验室里指导他们做实验，还在地质系教物理化学，在医学系教学生做一些物理化学方面的实验等。另外，我还常常指导学生们写毕业论文，特别是在合成催化剂和分子筛方面的初步工作。在自然科学系教书的时候，我常有机会到阿尔巴尼亚各地，因为要联系学生实习和工作的地方。那时候，阿尔巴尼亚有这样的政策，男大学生毕业前一年必须到生产第一线去实习。无论是学化学的或者学数学的，都得到阿尔巴尼亚各个地区去。所以，我就到各地同当地的教育局谈，我们有多少学生，他们都是学什么的，你们有哪些工业项目适合他们来实习。如果是学数学的，看看能把他们派到哪些学校。实习了一年之后，他们再返回地拉那大学，接着写毕业论文，完成这些后才能毕业。

第六章
第二次来中国学习

第六章 第二次来中国学习

我在中国读了好几年书，对中国的感情也很深。我回国后，看到阿中关系变得越来越僵，觉得以后不太可能再有来中国的机会了。但是，在地拉那大学工作不到两年，我又有机会第二次来到中国学习。1974年是"文化大革命"后期，阿中关系从最好的时候开始向不好的方向转变了，但是还没有中断，两国仍有学术方面的合作与交流。地拉那大学特别希望中国科学院尽量为其科研人员的进修创造一些条件。在某些科学领域，西方国家对阿尔巴尼亚封锁得很厉害。当然，这也有阿尔巴尼亚自我封闭的一面。所以，学生获得国外的奖学金几乎不可能，而自己又没有资金。在这种情况下，地拉那大学就想方设法利用各种渠道派年轻科研人员出国进修，学习某些领域的知识。我一入职，地拉那大学就有再将我派到中国的计划，因为我在中国学习过，对中国的情况比较熟悉。等了两年，这个计划才通过阿尔巴尼亚科学院实现了。阿中两国科学院之间有合作关系，地拉那大学与阿尔巴尼亚科学院之间也有合作项目，我就是科学院从地拉那大学借调并派到中国来的。根据阿中科学院的合作协议，来华进修的时间有长期的也有短期的，前者是两年，后者则是三到六个月。我们一起来中国的有五个人，但长期的只有我一个人，其他都是短期的。在他们中间，一位是学药学的，两位是学医学的，还有一位是学核物理的。最后一位曾经在苏联学习过，这次又被派到中国来。到了中国之后，我和他们相隔比较远，以后联系就不多了。

1974年12月，我们五个人乘坐罗马尼亚航空公司的飞机从地拉那来到北京，当然，中途也是转机的。到了北京后，阿尔巴尼亚驻华使馆希望我留在北京，他们考虑中国的"文化大革命"仍在进行当中，我一个人到大连好像有点不太安全。但是，中国科学院方面说，要学本来要求的重整催化剂方面的知识最好的地方还是大连化物所，这是个很有名气的单位。学专业的条件及生活条件都相当好。那时候，对我来讲，学专业的条件比其他的条件更为重要，而且大连据说也是个很美丽的城市。因此，我并不担心作为一个阿

1974年，阿尔巴尼亚进修生同中国朋友在故宫

1975年在大连210军队医院

尔巴尼亚人在大连学习。另外，旅顺离大连也很近，在那里中方曾经安排过一些阿尔巴尼亚学生学习。我特别想到旅顺看看。可作为军事基地，外国人，尽管是来自阿尔巴尼亚的，我在"文化大革命"期间参观那个地方也是不大现实的。直到2011年，中国国际广播电台邀请我和时任阿尔巴尼亚驻华大使去大连，才参观了旅顺。那次安排得非常周到。

应该承认一点，那时候阿中关系已经不怎么好了，但这是在国家与国家之间的层面上，民间层面仍然保持着友好，大连化物所也尽量为我提供了便利的学习和工作条件。比起中国当时的情况，我的生活条件是相当好的。我住在化物所的一座楼里面，有一大一小两个房间和一个有煤气的厨房。我住在大的房间，另一个中国朋友住小的房间，里面的床和柜子等家具都是新的。当时，每天供应两次暖气。在饮食方面，化物所专门让给他们做饭的厨师也给我做饭，为此还特地让他到别的单位学做西餐。那时候在大连的外国访问学者可能就我一个。除有个别外国代表团来访之外，大连外国人最多的地方就是海员俱乐部，没有其他的

1975年与两位北大的老师合影

外国人。我对化物所的负责人说，我不想给他们带来这么多麻烦，我可以跟中国朋友一起吃饭。但是他们没有同意，还是派人给我做饭。说句实在话，给我做饭的那位师傅人不错，但做饭不怎么行。

所以，化物所后来又换了另外一位师傅。这位师傅做饭技术很好，但对食品短缺也没办法。我记得，那时候大连的生活物资供应十分困难，想弄一颗洋白菜都不容易。后来，他们通过某个渠道从军队里给我买了洋白菜。我住的地方到研究所的距离比较远，化物所也是天天都给我安排车，而且由跟我住在一起的那位中国朋友陪着。如果个别时候车安排不开，我们就跟其他的工作人员一起坐一辆卡车到实验室去。此外，天冷的时候，所里还给我准备了棉衣，还有棉外套。我在大连期间，中国朋友一直都这样关心我。这不是因为我有什么特殊地位，而是因为我是阿尔巴尼亚人，中国朋友尽一切可能为我创造比较好的生活和工作条件。

大连化物所有九个研究室，我就在其中的一个进修，好像是第八研究室。该室组织了一个由三四人组

与李安模等老师在北大合影

成的小组帮助我完成任务。研究室主要领导是一名老科学家，叫陶龙翔，经常跟我们一起讨论并指导我的工作。他是北京人，以前在苏联读过研究生。他是这个小组的主要成员，对我的学习和工作给予了很大的支持和帮助。由于他们的指导和帮助，我逐渐在化物所开始了自己的研究工作，总的来讲是非常顺利的，所里对我的科研项目考虑得也很周到。由于那个时候石油加工用的重整催化剂由单金属 Pt 催化剂发展到多金属催化剂，结合所里当时的科研项目和地拉那大学给我的任务，我们选了重整催化剂当中的两个系列催化剂，即 Pt–Re 与 Pt–Lr 催化剂作为研究对象。催化剂中添加第二个金属组元，如 Re 和 Lr，明显地增进了 Pt 催化剂的活性、选择性和稳定性。所以，当时多金属重整催化剂的研究成了石油加工业和石油化学工业中的一项重大任务。添加第二组元后对操作条件的要求更加严格，必须认真地控制催化剂的预处理和还原条件。当时，各国对这一重要课题的研究还比较少，一般都停留在整理归纳和讨论工厂实际开工操作的一些经验上。大连化物所以该所仪器厂研制成功的微型反应色谱仪为主要实验设备，利用纯烃（正康烷）为原料考察了预处理还原条件对 Pt–Lr、Pt–Re 系多金属重整催化剂活性和选择性的影响，并力求对重整工业的开工操作有所帮助。

在多金属重整的条件下，正康烷的每个反应都要经过脱氢步骤来进行。所以，催化剂的脱氢能力是解决芳构化反应和裂解反应矛盾，以及芳构化反应和结焦反应矛盾的一个重要环节。因此，对多金属重整催化的金属脱氢能力的调变是控制催化剂选择性的重要因素，而第二个金属调节了脱氢态和金属表面的结合能量，使催化剂的脱氢能力得到调整，因而使催化剂的选择性提高了。

理论上，催化剂脱氢能力的调变可以使催化剂有好的芳构化能力和低的裂解性能。但是，芳构化能力高要求催化剂的重要特点，是金属分散度的方法成为控制催化剂选择性的重要途径。催化剂的预处理和还原对于金属重整催化剂的金属中心和酸性中心都有重要的影响。金属分散度和氯（Cl，即酸性中心）含量的变化是催化剂性质变化的最直观结果。这些变化不但影响催化剂金属中心的性质而且改变金属中心和酸性中心的相互作用。因此，催化剂的预处理和还原条件对多金属重整催化剂活性和选择性具有重要作用。

正如上面所讲的，我们采用了微型反应色谱仪为主要实验工具，以正庚烷为原料考察了预处理还原方法对Pt–Re和Pt–Lr系如何影响多金属重整催化的活性和选择性，特别研究了预处理还原方法对催化剂的裂化活性及裂化产物分布的影响。通过这项工作，可以明确与此类催化剂有关的几点问题：第一，两种预处理还原方法（即先用氮气干燥后还原和直接还原）的不同点主要在于催化剂还原时的水含量不同，而水含量对催化剂的性质有重要作用，因而对催化剂的活性和选择性有明显的影响，在还原过程中可以抑制催化剂的裂解活性，也可以被认为是钝化作用。催化剂的H_2吸附试验与H–O滴定也都支持了这个观点。第二，水还原过程对不同的催化剂有不同的影响。两种预处理还原方法对Pt–Re和Pt–Lr–Ce催化剂有明显的影响，而对Pt–Lr催化剂影响不显著。因此，所谓开工时要严格控制气氛中的水含量，要随催化剂的不同而有所不同。第三，裂化产物中的分布情况与催化剂的种类、催化剂的预处理还原条件等因素有关。在反应初期，金属裂解占较大的比重，因而为了改善反应初期催化剂的选择性，抑制裂化活性，在重整开工时对催化剂进行预处理应该针对金属中心。我们的这个结果再次说明工业生产中在开工时采用加 S 或低温进油等方法对催化剂金属中心进行钝化方法是合理的，加深了我们对工业实践的认识。第四，Ce 在 Pt–Lr 催化剂中可以改变 Pt 和 Lr 的电子性质，使 Pt、Lr 的却电子性降低，因而使催化剂的裂化活性受到抑制，从而提高了催化剂的选择性。

那么，我那时候为什么要选择这样一个科研项目呢？这主要是因为我在地拉那大学自然科学系的教研室一直希望搞合成催化剂。我这次来中国之前，我们教研室的一个工作人员已经在这里待了一年多。他在中国期间正是阿中关系特别好的时候，所以参观了很多工厂、研究机构，他希望中国给阿尔巴尼亚准备一套对这类催化剂进行检测与评价的设备，中方同意了。所以，我来中国进修时研究项目的选择就与这套设备有关，这也是地拉那大学所希望的，以便将来回国后能够使用它检测催化剂。我在化物所搞科研的过程中，也尽量去熟悉将来我们要用的那套设备和一些检测催化剂的手段。

地拉那大学向大连化物所提出，我能否在我的研究基础之上通过学位论文答辩。当时，中国还没有研究生制度，所以也没有明确表示我在进修过程中应当怎么样，以及能否答辩。但是到了1976年，化物所还是给我创造了条件，让我在一个专家组面前报告自己的实验和研究。我报告完之后，专家们对我说，中国现在虽然还没有论文答辩这种方式，但是我们认为你可以通过。他们当时也没有要求我把论文打印出来。我的实验工作和论文写作都是在郭教授的指导和帮助下进行的，事实上，他就是我的导师，他也认可了我的工作。1976年底，我回到了阿尔巴尼亚，又在地拉那大学进行了一次论文答辩，这次将论文打印了出来，但不是很厚，好像有一百页左右。论文的主要内容是根据我在中国大连化物所所做的实验，把得出的结论写了出来。答辩委员会的委员中有和我一个专业的，也有其他专业的。至于我为什么需要重新在地拉那大学的答辩委员会前再答辩一次，这是阿尔巴尼亚教育部的规定，我有一些同事在法国或瑞典那边进行了博士学位答辩，但回到阿尔巴尼亚也得再答辩一次。所以，我就更不用说了，因为当时中国没有这种学位制度。阿尔巴尼亚也刚开始有学位制度，我是全阿尔巴尼亚第一个正式进行博士学位答辩的人。其实，我这次答辩的象征性意义更大，实际上就等于宣布阿尔巴尼亚恢复了研究生制度。当然，我能够答辩，也多亏了我到中国进修了两年时间，我在地拉那大学的那些同事，他们在瑞典、法国等国进修，在那边也进行了答辩。但是，他们的学习时间比我要长一些，我比他们回来得早。所以，我是阿尔巴尼亚开始实行学位制度后第一个答辩并获得学位的人。答辩后，许多朋友都祝贺我，大家都很高兴，有的人还从外地来到地拉那。不过，也没有什么授学位仪式，只是后来给我颁发了一个证书。

阿尔巴尼亚的学位制度和中国现在的制度差不多。大概在 1972 年，阿尔巴尼亚确立了研究生制度。研究

1976年在辽宁抚顺实习

1976年在辽宁抚顺实习

生必须修足一定课程并通过考试，然后还得写毕业论文。但是研究生入学比较简单，在大学里注册一下就可以，如果批准了，准备那几门课就行了。在考试的课程中，除了专业之外，还有马克思主义哲学和外语。外语必须是国际通用的语言，英文、法文、俄文都行，对某些专业来说，意大利文也可以。我当时考了英语、法语和德语。其实这些都不重要，再说当时我的中文也被算作外语。需要说明的是，在研究生考试方面，不同的专业有不同的规定，但总的来说范围是比较宽的。通过了这些考试之后，研究生还要做一篇毕业论文。对学理科的学生来说，他们的论文肯定要靠在实验室做实验才能得出结论。坦率地讲，当时研究生的毕业论文有一些是有价值的，也有个别的价值不大。有的人在一个教研室待了一辈子，但由于还没有实行这种学位制度，所以特别是对一些学理科的人来说，他们也没办法做这方面的努力。但是，年轻人就不同了，学校会给他们创造一些条件，派他们出国进修，读研究生，最后获得学位。有了这些，年轻人就可以对自己有更高的要求。当然，这样获得学位的人科研能力也不全是高的。教育部还规定，一些研究生的毕业论文若得到国家学位委员会的承认，也可以得到博士学位。这个规定好像有个年限，从70年代后期开始，但我记不清到哪年结束了。当时这样做，教育部门主要的考虑是促进国家的快速发展。虽然有这种规定，但是真正借此获得博士学位的人并不多。1990年以后，这种制度有了一些小的变化，取消了研究生学位，但是有了硕士和博士学位，基本上和西方的制度一样了。

我第二次到中国进修是从1974年到1976年。两年间中国发生了很多大事，如1975年的海城地震，1976年的唐山大地震，周恩来总理去世，毛泽东主席去世等。另外，这两年也是中国"文化大革命"的后期。所以，我有许多印象深刻的经历。

我经历的第一件难忘的事是海城地震。海城离大连相当近，地震发生时，我正在宿舍里。我所住的那个房子是板块结构的，对地震非常敏感。大连好像没有倒塌的房子，但有些出现了裂缝，在不同程度上受到了损坏。当时，我们都跑到了房子外，主要是害怕还有余震发生,尽量避免人身财产损失。因此,化物所就通知我说,可能还有余震,不能进宿舍,要在外面待着,带好厚的衣服和被子。但是,我觉得在外面待着可能也没有多大意义,所以向中方人员提出希望回到宿舍。他们不同意,我当然也得服从领导的决定。在外面待了大概不到二十四小时,化物所的领导决定把我送到大连宾馆。大连宾馆是那时候大连最高级的饭店。我非常喜欢它,特别是它那种建筑风格。化物所的领导说,你得去饭店,我们必须考虑你的安全。一开始,我没有同意,我对他们讲,既然我的中国朋友没有这个条件,那我也不去,我要跟他们在一块。但是他们说,不行,这是革委会的决定。最后我只好说,既然是革委会的决定,那我就尊重决定,可你们也应尽量批准我的要求,我不能一个人到那边去,因为你们都在外面呢。说实话,我觉得很不好意思,有一点像在战斗中离开战友似的,在这种共患难的时刻逃离不合适。最终,他们还是要求我一定要去大连宾馆,我服从了化物所的决定,去了大连宾馆,在一个单独的房间里住了两三天。我在那儿住的时候,化物

1975 年在北大

所的一个工作人员天天来看我。在最后一天晚上十点左右,服务人员要我带着被子住在大厅,因为预报要有大的地震,而大厅可能安全一点。据传,这个预报是日本那边做出的,日本是多地震的国家,预报的技术比中国高。当时传说日本预测以大连为中心要有大的地震,所以中方的领导和朋友都特别关心我的安全,告诉我如果发生地震了,一定不要进到房子里面。我们在大连宾馆的大厅里待到半夜左右,服务人员又告诉我们不能在大厅里,而是要到车上,根据预报要发生地震了。广场上停着一辆大车,人们都裹着被子坐在里边。车上有许多饭店的工作人员,但也有一位化物所的工作人员同我在一起。就这样,我们在外边过了一夜。第二天一早,化物所又通知我要离开大连,去北京和南京实习。这种实习的确是我进修计划上有的,但不是这个时间,所以我又拒绝了,告诉他们我不希望离开,还是想跟他们在一起。最后,化物所还是说,你不能拒绝,这是我们的规定,所以你得去实习。我很清楚,这是为了我的安全着想。

于是,陶龙翔主任就陪着我先到了北大,这是我

第六章 第二次来中国学习

与大连化物所的同事合影

毕业回国后第一次来北大。但是我在北大逗留的时间非常短,主要是到化学系参观和我在大连化物所所做的工作比较接近的实验室,也见到了当年教我物理化学的几位老师。然后,我们就离开了北大。这次来北京,我被安排在北京饭店,条件非常好,大概住了两天。然后,我们就从北京坐火车到了南京。在南京,我参观了一些与我的研究和石油加工有关的地方。我在南京住的也是一个很好的宾馆,在那儿还遇到了一对英国夫妇。他们见到我非常惊奇,想知道我是哪国人,做什么工作的。交谈中,我了解到他们在南京一所大学教英文,这在当时的中国是比较少见的。在南京待了两三天后我去了上海,然后又回到北京住了几天。这次外地实习总共有十多天。

可是,我回到大连不久,在海城地震之后,中国又发生了更大的唐山地震。唐山离大连虽然比海城远,但是大连也同样有强烈的震感,好在没有什么建筑物受到破坏。居民们的生活和工作都照常进行,没有受到太大的影响。唐山地震后一个半月左右,中国又发生了一件大事,毛泽东主席去世了,我在大连参加了悼念毛泽东主席的活动。我觉得毛泽东是一个威望很高的领导人,他的去世对中国人民来说是非常大的损失,所以我参加追悼会时也和中国人一样三鞠躬,戴黑纱。当时,还有记者采访我,问我毛主席去世后我有什么感受。我回答说,作为阿尔巴尼亚人,我对毛泽东主席的去世十分难过,向中国人民表示慰问。在毛泽东主席去世后不久,我又目睹了中国人民粉碎"四人帮"反党集团事件。说实在的,当时我对中国发生的这些事也不是十分清楚,但通过与中国朋友的接触,尽量多地阅读报纸,我也基本上理解了报纸上所说的内容。

毛泽东主席去世后不久，中国要开始改革开放了，这也意味着一个时代过去了。在毛泽东时代，我先是从1961年到1966年，然后又从1974年到1976年，两次来到中国，住了七八年时间，应当说比较深刻地感知了当时中国社会的发展。首先，必须承认的是，毛泽东时代的中国是新中国成立前的中国所完全没法比拟的，在社会发展各方面的成绩是显而易见的。当然，这个时期中国的社会发展也有很多曲折，现在回头看有不少经验、教训需要总结和吸取。我个人认为，"文化大革命"就是一个让人感到非常遗憾的时期。如果没有"文化大革命"，中国的发展可能要快得多。然而，现在中国的发展又是毛泽东时代所不能比拟的。从我第一次来中国到现在的几十年时间里，中国的发展好像跨越了几百年，因为中国的变化特别大，发展特别快。我想，在世界历史上找不到另外一个国家在这段时间里，发展、变化能这么快、这么大。"文化大革命"时期给中国造成了一定的损失，但是改革开放又使中国飞快地发展起来。我刚来的时候，北京到处都是灰色砖楼，灰尘相当多。现在北京的建筑，现在北京人的生活水平,都是那时候没法比的。我留学期间回阿尔巴尼亚的时候,有人问我:"有没有中国朋友请你到他们家去做客?"我说:"没有。"但这不是因为他们不好客,他们想这样做,但是没有条件啊。当然,那时候也不允许请外国人到家中做客。

第七章
阿尔巴尼亚的社会转型

第七章 阿尔巴尼亚的社会转型

20世纪80年代末90年代初,在东欧其他国家发生社会剧变的大潮中,阿尔巴尼亚也没有能够幸免。这种变化的根本性所在,是从苏联式的那种社会主义转向欧洲式的多党议会制度。出现这种变化,是多种原因综合起作用的结果。同中国的关系闹僵之后,霍查依旧坚持他的观点,并且利用一切手段来宣传,声称阿尔巴尼亚所走的道路是正确的,一定能够取得伟大的胜利。凡是不同意他的观点的人都被打成反党集团。一直到70年代,阿尔巴尼亚在经济方面的发展还是取得了一定的成绩的,老百姓的生活水平虽然不高,但是肉类、粮食等生活必需品在商店里基本上可以买到。然而慢慢地供应的东西就少了起来,虽然没有出现像中国的粮票之类的凭证,不用凭票证,但要以家庭为单位在固定的商店提前登记,并凭证件一周一次买一公斤肉、一公斤奶酪或者多少斤牛奶。当然,有的家庭由于经济能力有限买得少,但是商店里都有供应,后来更多的商品也逐渐按计划供应了。

从80年代初开始,阿尔巴尼亚的经济形势变得越来越严峻。严峻到什么程度?比如说在我的家乡,按计划应该是一个星期供应一百克的咖啡,但商店里根本没有。售货员会对你说:"对不起,咖啡还没有来货。"你根本买不到分给你的那份咖啡,肉类也有同样的情况。另外,每家每户都要在固定的面包店购买面包,面包店里登记有每家人口的名字,如果你到另外一个地方去买,人家就不卖给你,因为面包数量都是限定的。和中国一样,阿尔巴尼亚也有户口制度。不管什么时候,如果你是外地人,就不能随便到地拉那来。当然,如果是出差或者去看病是可以的,但如果要长期居住则是不可以的。这就好像是签证,是在自己国家里的签证。你需要得到一个书面的允许,才能在地拉那住下,而书面允许要经过很多道手续。一般来说,管理部门也不会给你开这样的允许证明,除非你调动工作。我是学化学的,从中国回来后被分配到家乡,后来又调到了地拉那大学。到地拉那大学报到的时候,我就要带着当地执行委员会的证件和其他所需要的一切,然后出示给地拉那大学的人事部门,由其中的工作人员到一些办公的地方给我登记。总之，调转工作要有一套手续，如果国家不批准，那肯定是没办法去的。如果我是地拉那的正式居民，办过这些手续之后，我住在一个地方，这个地方的面包店就要供应给我面包；如果我到另外一个面包店去，它就不会提供给我。70年代以前的阿尔巴尼亚并非如此，但到了80年代末差不多都变成这样了。

造成这种经济困难的主要原因是什么？很明显是劳动党实行了错误的政策，形象地说，农村没有任何"血液"了。比如说，心脏跳动需要血液的供应，农村的集体化就像断了血，所以农村就完蛋了。合作化之前，我们家的那个村庄有好几百只羊，但合作化之后就都成了村子集体的了。我们家原来也有很多羊，可合作化后只有几只了。所以，我们家还能得到多少牛奶、羊奶和羊毛呢？为什么会这样？原因就是合作化，合作化非常不成功。虽然开始时说的是农民自愿走合作化的道路，表面上他们是自愿，实际上大部分农户是不愿意的。可是，谁要是公开表示不愿意，那就要被孤立，没有人跟你接触，实际上是没有办法过日子的。所以虽然有很多合作社，但农民是没有任何热情的。对农民来说，最重要的是他们的收入没有过去那么多了。农民看重的是自己的土地，对自己土地的经营要比对合作社尽心得多。合作社的收入每年虽然都宣称增加很多，但实际上并不是那样。集体经济越来越僵化，到80年代中期，阿尔巴尼亚进一步加强集体化，搞了群化运动。何谓群化运动？原来允许农民自己养的有限的一头牛或几只羊，这时也不能由农户个人养了，要将各家各户的牛羊集中起来。当时的说法是，你家有五六头羊，我家也有五六头羊，分散着养不如将十几家的羊集中在一起，然后由一个人放养，这样可以节省劳动力，增加奶的产量。可是，群化的结果是奶的产量又降低了，相关的收入也少了。为什么会这样？这是因为一个人给集体放羊，除非个别情况，都不如给自己干活效率高。不仅如此，有的时候还有不正当的行为，比如，放牧的时候狼来了，放牧的人也不太管，被狼咬伤的羊，他就可以自己留下吃肉了。所以，集体统一放养也变得越来越不行了。1985年，阿利雅宣布允许农民自己养两只羊，但羊养大了之后，农民只能杀一只吃肉，另一只必须交给国家。表面上看这好像是对农民进行奖励，但结果也不行。阿尔巴尼亚的农牧业本来就比较落后，再一搞群化之类的措施，国家的经济发展就更不行了。

我有一个叔叔，他是老游击队员，第二次世界大战期间他一直在波斯尼亚打仗。有一次我去他家，他说："你来了我非常高兴，但遗憾的是我只能给你做面条，因为我没有奶酪，没有肉，其他的东西我什么都没有，咱们只能吃一点面条。"可是，面条也不是农村的出产呀，而是在商店买的。我想说的是，到了这一时期，阿尔巴尼亚的农村已经没有什么生活日用品，经济情况变得很差。

在政治上，20世纪80年代末期的阿尔巴尼亚强调和强化的还是原来的那种制度。但是，这个时候苏联和东欧其他国家的局势已经很动荡了。当时，阿尔巴尼亚劳动党说，我们要走自己的道路，因为阿尔巴尼亚同东欧其他社会主义国家的情况不一样，有一些暂时的困难需要克服，但绝不能变成多党制，不能走它们的道路。对普通民众来说，有很多事情并不太清楚，因为看不到外国的电视，除非偷偷摸摸地在某些特殊的地方看。但是，人们都觉得阿尔巴尼亚当时的情况确实很糟糕，只是不敢公开说。

在阿尔巴尼亚社会剧变的过程中，起较大作用的是青年学生。当时我在地拉那目睹了这一过程。东欧其他国家局势的变化，特别是柏林墙的倒塌，在阿尔巴尼亚也引起了反响。在阿尔巴尼亚劳动党内，一些人说，阿尔巴尼亚绝对不能像这些国家那样搞多党制，必须得按照我们的传统，坚持劳动党的领导。但是也有舆论说，劳动党开会的时候人们表面上同意坚持一党制，但私底下许多人认为应该慢慢地进行一些改革。1990年7月2日，很多阿尔巴尼亚青年闯进了德国大使馆。使馆人员问他们为什么要这样做，青年们说，阿尔巴尼亚的经济不行了，各方面都不行了，我们要出国。阿尔巴尼亚当局和其他东欧国家一样想尽量控制这种局势，但进入外国使馆的人越来越多，达到了五千多人。其中，在德国使馆的就有一千多人。驻地拉那的外国使馆要求阿尔巴尼亚政府想办法，允许这些人出国。这些年轻人的出国造成了巨大的影响。当时的党中央领导人特别是阿利雅认为，必须对一些法律进行修改。过去阿尔巴尼亚是不允许私自出境的，非法出境到另外一个国家的人就是叛徒。对相关法律进行了修改之后，出国的人就不再是叛徒，也不是政治犯了。话虽然这样说，实际上好多人在出境的时候就被打死了。根据新修改的法律，出国虽然不再被视为叛徒，但边防官兵还是可以开枪的，因为不确定他们是不是携带毒品的罪犯。实际上，当局还是不想让人们出国，带没带毒品只是为开枪找个借口。

但是，阿尔巴尼亚的局势依然在恶化。大概在1990年的9月，阿利雅找了一些比较有影响的知识分子座谈，询问他们对政局的看法和如何应对，表面上看他好像是征求知识分子的意见，实际上是希望这些知识分子支持他，但这些人也不全是他选来的或者即使是他选的也不一定支持他。有两个人间接支持多党制，贝利沙就要求在宪法里删除原来强调的"劳动党是领导一切的唯一政党"，这意味着给其他政党开了绿灯。还有一位记者要求考虑建立一个生态党。座谈之后，劳动党做了综述并很快印发了一本供内部参考的资料，有二百多页，可里面讲的情况与实际情况大不一样，资料并没有将与会者发表的意见都写出来。座谈会上有人支持阿利雅，也有人反对，甚至还有人告诉阿利雅"不能永远说不行"，意思就是应该要考虑这些问题。

不久，在劳动党中央的一次全会上，我弟弟第一个公开提出已经到了接受多党制的时候了，不然国家的形势会变得更糟糕。虽然几个月以后就有许多人更加公开地提出多党制的问题，但在那天却没有人支持他。阿利雅问我弟弟："你有这个想法吗？"接着，他就大讲阿尔巴尼亚应当走自己的道路，可以这样做或那样做，但不能实行多党制。到了 1990 年 12 月，大规模的学生运动开始了。学生们组织了示威流行，提出阿尔巴尼亚属于欧洲国家，发展要跟全欧洲一样。当局一方面派警察阻止和镇压，另一方面也找了一些影响力比较大的知识分子到现场给学生们做工作。但是，学生们说"我们不能投降，我们要见总统"，阿利雅当时既是劳动党中央主席又是总统，最终他同意接见学生代表。学生代表说他们不会后退，要求必须实行多党制。到这个时候，阿尔巴尼亚的政治局势已经无法逆转了。几天之后劳动党宣布接受多党制。

我认为，阿尔巴尼亚发生社会制度剧变的主要原因还是劳动党实行的政策有问题。阿尔巴尼亚的经济落后，同外部世界基本上没有什么交往，长期陷于孤立的境地。此外，在社会发展方面，劳动党总是强调阶级斗争并且达到了极端的程度，比如有人因为说了一句没有想好的话就被关入监狱，这使社会矛盾变得更加尖锐。当然，外部的因素也不可低估。如果没有西方的鼓动和支持，光是内部因素也不足以在当时引发阿尔巴尼亚的剧变，因为政府肯定会镇压。但是，由于东欧其他国家也都发生了剧变，劳动党和政府就要考虑加倍使用镇压的手段。它们刚开始虽然也试图进行镇压，但最终没能做到。阿尔巴尼亚在社会剧变的过程中并没有发生暴力事件，直到第一次全民选举和第二次全民选举都没有发生大规模的流血事件，总的来讲还是比较平和的。当然，在整个剧变的过程中，警察打死了三个人，其中两人是在斯库台的一次群众集会上，另一个人是在离都拉斯不远的卡瓦亚。实际上，一直到1997年，阿尔巴尼亚的局势都算是比较平静的。

阿尔巴尼亚剧变以后开始实行多党制，政坛上有两个党影响最大，一个是由原来的劳动党改组而成的社会党，另一个是新成立的民主党。我也目睹和参与了阿尔巴尼亚的社会剧变，但参与的程度不大。在整个20世纪80年代，我都在地拉那大学自然科学系教书，教物理化学。1990年，我经常跟一些朋友见面，其中就包括贝利沙和我的弟弟等人。我们很关心国内局势和国际局势，有时候也在一起边喝咖啡边讨论这些问题。我和贝利沙是很好的朋友。他以前是一名很出色的心血管医生，毕业于地拉那大学。在他读大学期间我就认识他，大概是在60年代末。不仅如此，我们还都是北方人。贝利沙的老家在贾库沃山区，离科索沃边境不远的阿尔巴尼亚一侧。不过，在学生时期我们的关系不是很亲密，主要是因为我当时在中国学习。60年代大学毕业后贝利沙就留在了地拉那大学，在医学系教书。我从中国回去后，1967年初到1968年在地拉那大学学习，在这期间，我们时常见面，毕竟我们家乡在地拉那大学读书的人不多。

贝利沙先生对人非常热情，不仅是我们请他看病，事实上不管是谁找他看病，他都会爽快地答应，而且不论白天夜里都是这样。后来我们的关系越来越密切了，当时他在地拉那是一名很出色的医生。我说他很出色，是因为他从事的工作和他的业务水平在国际上也被认可，他的学术文章刊登在世界最权威的心血管杂志上，并时常参加一些国际会议，后来还入选了世界卫生组织中的一个委员会的成员。

贝利沙不仅会讲俄文、意大利文、法文、英文，而且能读这些语言的书。那时候，我们在中学都是学俄文的。听贝利沙讲，他在学生时代就读了陀思妥耶夫斯基的作品。他对世界文明和历史相当了解，特别是欧洲的，不管是作家还是艺术家，从早期一直到当代，各方面都很关注。贝利沙是一个很容易合得来的人，非常关心需要帮助的人。他虽然是一名医生，在自己工作的领域取得了很大的成就，但一直过着比较朴素的生活。他当总统之后，全家也是住在一个七十多平方米的房子里。1989年到1999年间，贝利沙无论作为医生还是作为知识分子,名气越来越大。他写了一系列文章在当时国内影响最大的《人民之声报》和国内第二大报纸《团结报》以及作家联盟刊物《光明报》上发表。他有时比较公开,有时比较间接地提出社会要更加民主化,给媒体更多的自由,允许表达不同观点,对境外的阿尔巴尼亚人也就是科索沃以及在原南斯拉夫其他地区生活的阿尔巴尼亚人给予更多的关心。贝利沙的这些文章对加快阿尔巴尼亚的政治变化起了很大的作用。正因如此,当时的领导人不能接受他的观点,《团结报》与《光明报》的总编都受到了批评。党中央警告《团结报》的总编说,贝利沙表达的就是华盛顿的观点。

我当时不是一个积极参与政治的人,在参加会议的时候要么不发言,要么发言也很短,但尽量说本质性的观点,并直接提出应该怎样处理。我在1983年加入劳动党,在20世纪80年代的时候人们还是很喜欢入党的。你若不入党,那么将来的发展前途会受到影响,因为非党员在某个领域能成为一个专家也就到头了。如果入了党,就会有很大的发展空间,但是入党要由党支部考察，需要有介绍人，被批准后还有两三年的预备期。在这期间，必须到一个生产单位工作，要求去哪儿就要去哪儿。

我退出劳动党的时间是1991年，当时阿尔巴尼亚的社会剧变已接近尾声。这年6月，劳动党召开第十次也是最后一次代表大会，将党名改为阿尔巴尼亚社会党。在那之后不久，地拉那大学的党组织也开了一个会议，征求大家的意见。我提出，既然社会党的领导人宣布跟劳动党没有任何关系，那为什么不把劳动党解散，谁愿意入社会党就入，一切从头开始。党组织的领导对我的意见特别恼火，有一个同事问我："你是不是准备退党？"我说："社会党已经不是原来那个劳动党了，不能说我要退出劳动党，而是社会党已经宣布不再是劳动党了。那么，我愿不愿意入社会党就是另外一个问题了。"

1990年12月，劳动党决定在阿尔巴尼亚实行多党制，民主党成立，阿尔巴尼亚的社会制度跟过去不一样了。原来是劳动党的一党制，而现在是多党制了。社会党已不是执政党，实际上放弃了对权力的垄断。

在这里,我想特别讲一下民主党的情况,它是阿尔巴尼亚社会剧变过程中出现的最大的反对党,并领导了这一剧变。1990年12月,举行示威游行的学生代表同阿利雅见面。他们提出很多问题,比如多党制的问题,但是那些学生领袖并没有多少政治经验,因为他们是在社会主义制度下长大的,没有接触过其他有多党制经验的人,更没有这方面的培训。但最关键的是,他们不满意阿尔巴尼亚的社会发展状况。他们提出的重要口号是"我们要和全欧洲一样""阿尔巴尼亚是欧洲"等。他们知道首先应当搞多党制,但没有多少这方面的经验。他们同阿利雅会面后,许多人聚集在一起,其中也有贝利沙。他们选出一个组织委员会,一名学生当选为主席。在这之后不久,他们又宣布成立民主党。所以,成立民主党只能说是这些学生对劳动党不满,是群众运动的结果,但对民主化的很多问题也不是很清楚。民主党虽然被称为党,但当时并没有一个很明确的纲领,唯一的诉求就是获得过去缺乏的权力。第一个当选为民主党领袖的就是贝利沙。

我弟弟虽然与贝利沙关系比较密切,但是没有加入民主党。他写了一本书，书名就叫《我不是十二月的学生》，对这些事讲得都很详细。劳动党的领导人对我弟弟很有看法。在1982年之前的十年，我弟弟在《人民之声报》工作，其中最后一年担任总编。在1982年召开的劳动党代表大会上，他被选为中央候补委员。在青年团的代表大会上，他又被选为青年团的第一书记，那时才三十二岁。在这个岗位上，他工作了八年时间。1990年年初，他被调到劳动党中央当局长，负责新闻媒体和出版工作。

我弟弟1982年当选为青年团第一书记，他尽量在自己力所能及的范围内进行一些小的改革，给青年组织带来一些新的风气。他特别抓了以下几个方面工作：第一，青年团组织对其成员不能只强调工作，而必须引导他们爱读书、爱知识、爱科学、爱艺术，要更多地支持优秀青年发挥他们的才能，而不过分地看重家庭出身。第二，青年团组织要更多地满足青年在精神方面的要求，丰富他们的体育、娱乐以及文化生活。第三，青年团组织应尽量减少没必要的会议，与青年交流时不要用口号性的语言，要同他们交心并理解他们。所以，他对《青年之声报》进行了全面的改革，用年轻的、有才能的记者代替了原来的那些采编人员。在新调来的、有工作能力的记者当中，一些人的家庭出身并不好。他的这些做法引起了争论，下面的人很容易接受他的观点和做法，但是党中央里一些官员却有疑问，认为与党的路线不一致。在党中央做负责新闻媒体和出版工作的局长时，我弟弟也试图实行一些改革。由于在宣传领域里一切决定都是由党的最高领导人拍板的，所以他一直找各种机会将自己的改革想法提交给党的领导人，如因工作需要见面的时候，或者在党支部开会的时候，或者用书面报告的方式。他的主要请求是希望给予新闻媒体和出版以更多的自由与独立，在符合国家与民族利益的前提下对西方特别是对美国进行一定程度的开放，允许外国记者来访并委托阿尔巴尼亚官员接受他们的采访。缓和同那些住在西方国家的阿尔巴尼亚侨民的关系，不要把他们都看成敌人，要尽量将那些真正犯过罪的人和那些由于经济等方面原因而私自出境者区别开来。

劳动党中央领导人对我弟弟的主张和做法非常不

满，所以在任负责新闻媒体出版的局长仅四个月后他就被撤职了。又过了两个月，也就是六个月之后，劳动党中央决定将他调往外地，给他在阿尔巴桑区党委中安排了一个很不重要的工作。后来的事实表明，公安机关一直在监视他，他的档案中装满了"敌人在活动"之类的黑资料。好在阿尔巴尼亚局势发展得很快，所以以"反党、反社会主义"为由逮捕他的图谋没有得逞。1991年，我弟弟坐的车曾被另外一辆车撞到十几米深的水沟里，当时和他坐在一起的还有美国之音阿尔巴尼亚语处的负责人和《团结报》的总编。一位当时的学生运动领袖，同时也是民主党的支持者说，这次撞车完全是有预谋的、有策划的，就像电影里的黑社会撞车一样，是想暗杀他们。幸运的是，他们获救了，大家只是不同程度地受了伤。

在20世纪90年代初阿尔巴尼亚社会开始动荡的日子里，我弟弟和贝利沙作为朋友时常见面，讨论他们关注的国内及周围国家的政局。随着阿尔巴尼亚国内情况继续恶化，他们的会面与讨论也变得更加频繁。学生运动开始的时候，我弟弟正在阿尔巴桑。由于我弟弟同年轻人非常熟悉并被他们视为一个值得尊重的知识分子，所以劳动党的领导人把他找来，要求他去劝说学生们停止抗议示威，返回校园。在这个时候，示威的学生也喊我弟弟的名字，请他同学生们一起示威游行。我弟弟去了，但不是以示威者的身份，而是作为观察者。他到了示威学生们那里，了解了具体情况，但没有跟组织者商谈。不过，他在党中央全会上提出多党制的要求实际上就是在支持学生。在这之后，不管在媒体上发表文章还是写书，他始终支持学生们的主张。既然如此，他为什么没有同意和学生们一起搞运动，成为他们的领导成员呢？这里有多方面的原因。其中最主要的是，他认为学生运动的领导者不能从学生运动之外产生，最好是在学生或大学老师中产生。由于坚持这个观点，他也不是民主党的建立者之一。其实，我弟弟在阿尔巴桑的时候就已经退出劳动党并辞去了党内的职务。

阿尔巴尼亚民主党在成立之初，还不是一个结构组织严密的党，而更像是一个反对派的统一战线。但后来它一步一步地补充并完善了纲领，组织上也更像一个整体。从民主党建立开始，贝利沙的作用就是决定性的。他是一名高级知识分子，有非常好的形象，深受学生们的拥戴。不过，学生示威开始的时候贝利沙并没有在阿尔巴尼亚国内，而是出国参加了一个医学方面的学术国际会议。回国后，他马上去了学生示威的现场，并从那一刻起就决心领导他们，投身政治。可以看出，贝利沙有很强的政治使命感。他的主要愿望是，作为一个历史悠久的欧洲国家，阿尔巴尼亚应该变得和欧洲一样。这种信念使他的使命感更强。因此，劳动党当局把他看成一个危险分子，公安机关一直监视他。在东欧，领导剧变的政治力量或领导人在一两次大选之后便会解散或者离开政治舞台，但贝利沙领导的阿尔巴尼亚民主党存在了二十多年仍然充满活力并且多次执政。

在1997年的危机中，阿尔巴尼亚人在一些金字塔集资中失去了很多储蓄，蒙受了比较大的损失。结果，他们开始示威游行对民主党政府表示抗议，把损失看成民主党政府的责任。民主党政府冻结了一些公司的集资，将70%的资金都退还给了入股者，但是集资者已经把 30% 的钱拿到了国外。人们没有耐心再等待下去，所以受到当时的反对党、黑社会分子以及一些巴尔干半岛民族主义者的操纵，示威变成叛乱。贝利沙承认政府有责任，没有及时对那些集资公司采取措施，对这个问题没有重视，只是把它看成居民与公司之间的私人问题。那时候，这方面的法律也不健全。动乱发生后，暴乱者攻占了军事仓库，夺取了武器。不少武器甚至流散到罪犯手里。贝利沙政府辞职后，阿尔巴尼亚建立了一个联合的过渡政府。后来，在国际社会的干预下，阿尔巴尼亚的局势才逐渐平静下来。但是，1997 年的事件对阿尔巴尼亚的影响很大，我认为至少要后退了二三十年。许多机关单位被破坏，开始进行的改革也停止了，社会局势乱了，犯罪与腐败更加严重了。

不过，我认为，尽管因 1997 年的动乱而后退了许多年，并且面临着各种各样的困难与问题，但是阿尔巴尼亚开辟的发展道路是不可逆转的。

第八章
到中国当大使

第八章 到中国当大使

阿尔巴尼亚社会制度发生了变化之后,特别是1992年的全民选举之后,各个部门都需要增加一些官员。这也不是说绝对不能用过去的官员,但在某些部门这个问题很敏感。原则很简单,制度变了。那些反对新制度的人至少一段时间内不能用,得等到他们有新的反应。支持者当然可以。以不支持为界限可能是最好的办法,不过这也有难度。新政府要考虑在什么程度上利用原来的官员,以及在什么程度上提拔一些新的官员。驻外大使都被召回国了。外派去某一个国家的大使要考虑很多条件,如需要有一定的工作水平,支持民主运动,当然如果会讲驻在国的语言就更好了。当时,我在地拉那大学自然科学系工作,是一名普通教师。之所以让我出任驻华大使,在很大程度上就是从这些角度考虑的。另外,我与时任总统贝利沙比较熟,他们相信我。

不过在此之前,我没有从事过外交工作。一般来说,通常都由职业外交官员出任大使,其中许多人是从随员开始，一步一步地走过来的。但是，阿尔巴尼亚当时的局势比较特殊，好像一个刚刚打完仗的国家，虽然没有发生流血事件，但是几乎什么都变了，特别是从体制方面看。所以，好多人都被认为是不合适的，甚至后来的事实证明有一些可以信任的官员也不是很理想，外交部和驻外使节也面临着这些问题，所以需要一些新的官员。至于说到驻华大使，他必须了解中国，跟中国人比较熟悉就更好了。贝利沙政府知道我能尽量做好工作，当然，他们也考虑了我的工作水平，因为我不是第一次跟他们接触。其实，不仅是我，好多派到其他国家的大使也是这样选出来的。到北京之后我发现，东欧其他国家的驻华大使中不少也是这样派来的，许多人都是从研究所、大学里派到中国当大使的。

我被任命出任驻中国大使的程序相对简单，对我来说还是比较突然的。不过，我读书的时候好像也有过这方面的理想。不光是我，对许多年轻人来说，到国外当大使可能都是很有吸引力的事情。我中学毕业时，在选择上什么大学的志愿栏里也填过外交学院。

第八章 到中国当大使

我一直对国际局势比较感兴趣并且尽量关注。当然，我也不可能是什么专家。那时候只是觉得，如果在这个领域有条件做一些工作，也是比较理想的，但我没有想到后来会当上驻华大使。

1992年6月的一天，具体的日子我现在也记不清了，当时的外交部部长给我们系打来电话，说能不能叫塔希尔到外交部来一趟。系里告诉我后，我想可能会与对外关系之类的事情有关，因为是外交部找我。我到了那里之后，直接就被叫到部长办公室。我原来也认识他，但不是特别熟悉，他之前也是一名医生，而且也在阿尔巴尼亚北方的一个小镇上工作。我哥哥在那里的林业局当总工程师，而他是当地医院的医生，曾经给我母亲看过病。所以我以前也见过他，只是不太熟络。落座后他对我说："我今天叫您到这里来是想问您能不能接受到中国当大使这个任务。"由于完全没有心理准备，我对他说："我非常荣幸，但担心自己能否很好地完成这个任务。"他说："没有问题，我们相信你，你可以胜任。"我表示同意后，他说："我们会帮你办手续。你要在外交部待上一段时间，熟悉一些文件并学习、了解一些业务方面的基本知识。"到目前为止，我完全不知道是谁推荐了我，但对让我当驻华大使的原因有一点猜测。对阿尔巴尼亚来说，与它有关系的国家可能分为更重要的国家和没那么重要的国家。比如说，大国当中美国、中国是相当重要的，但在欧洲，法国、英国、德国和我们邻居当中的意大利也很重要，所以，不同的国家应当有不同的对待方式。在罗马、雅典或贝尔格莱德做外交官，除了一般的外交事务以及与邻国的关系之外，前两个国家中还会有很多与移民有关的杂事，需要的工作人员也多一些。那么，中国在阿尔巴尼亚外交中处于什么地位呢？当时阿尔巴尼亚与中国基本上没有什么分歧，关键是要恢复关系。当然，关系的恢复也不是由大使说了算，需要新的政府的新的政策，但必须得由大使代表政府和派你到这里来的总统来做这些工作。

得知我被任命为驻华大使后，我和我的家人都特别高兴，特别自豪。可是我虽然很高兴，但说实话，心理负担也比较重。我觉得如果努力肯定能克服困难，也能学会怎么去做外交工作，虽然有一些担心，但是我也有决心，努力完成好这个任务。不仅如此，我也非常高兴政府给了我一个很好的机会。我本来对中国的感情就很深，而且掌握了中文。我原以为永远也用不上中文了，可当驻华大使让我的人生有了很大的转变。另外，我认为，新的政府要有一个新的发展，阿尔巴尼亚之所以发生剧变，关键原因就是经济发展的各方面都没有搞好。当然，也有其他方面的问题。只要有机会的话，我就会尽自己的最大力量做一些贡献。我也有一定的条件，比如在中国有比较好的人脉关系，也会说中文。我相信，只要我尽量正确对待和处理问题，中国人也会支持我的工作。对此，我很有自信。

从得知去中国当大使到赴任，中间有两个多月的时间。在这段时间里，我在外交部亚洲太平洋司工作，除了要熟悉一些外交礼仪方面的事宜之外，主要是了解阿尔巴尼亚和亚太地区国家间的关系，特别是要尽量了解阿尔巴尼亚和中国的关系，以及将来到中国去后在经济方面要做的主要事情有哪些。对阿尔巴尼亚来说，一步一步将原来中国援建的项目恢复是最为迫切的事情。这些是我那两个月考虑得最多的问题。当然，在这两个多月里，我还得接受一些技术层面的培训，因为外交对我来讲是一个崭新的领域。在具体做法上，我主要是向在外交部工作的老外交官请教，他们在这些事情上比较有经验。我自己也边看边学，时常向老外交官请教技术方面的问题，主动与有这方面经验的人交流。有时，部里也让我处理一些各地使馆提出的要求，以便让我尽快熟悉大使的工作。去其他国家的、和我差不多同时任命的大使们那时也都集中在外交部。为了培训我们，外交部请来几位德国外交官给我们讲课。除了相关的常识，他们还讲述了外交官经常会遇到的一些难题及其处理办法。

总统提名我当驻华大使，还需要议会的批准。我在赴任之前专门见了贝利沙总统。他相信我一定会很好地完成任务并预祝我一切顺利。我了解他对中国的看法，他说中国发展得很好，阿中关系也有很好的基础，两国之间的关系一定会很好。另外，我也拜会了政府的一些部长，他们针对自己负责的领域，谈了关于两国关系的想法或建议。

一切准备好了之后，1992年8月18日我和太太、

与金大中总统（中）合影

儿子乘飞机从地拉那起飞，19日到达北京，中间经停了瑞士的苏黎世。临行前，有阿尔巴尼亚外交部的官员到机场送行。阿尔巴尼亚当时经济比较困难，人均收入只有二百美元左右，被列为世界上最贫困的国家之一，所以我们买的机票都是经济舱的。这在当时来说是很正常的，甚至总统外出也是这样。实际上，我不仅是驻华大使，同时也兼任日本、韩国、新加坡、澳大利亚和新西兰五国的大使。那个时候，凡是和经济有关的问题，不管是飞机票还是其他的，都不能不考虑我们国内的经济情况。一般出差时也一样。我去这些国家递交国书时，航空公司事先都知道，有时会向我提供一些方便，有时会把我的座位升级为公务舱。

在我之前，阿尔巴尼亚驻华大使还兼任孟加拉国、尼泊尔、蒙古和越南等好几个国家的大使。我就任后，虽然不担任这几个国家的大使，但如果有与这些国家相关的重要事情，我也会尽量帮助解决。那时国内正在重新考虑这方面的问题，在某些国家再开新的使馆或做其他的处理。总的来讲，要有新的计划，新的安排。那些国家以前习惯了与阿尔巴尼亚联系的

第八章 到中国当大使 | 153

在新西兰递交国书

在澳大利亚递交国书

时候就找驻华大使或者驻华大使馆，所以它们有时候也会找我。需要说明的是，我常驻中国，兼任大使的其他国家并不常去。之所以如此，一方面是由于阿尔巴尼亚的经济情况不好，没有那么多的费用；另一方面是由于我们使馆的工作人员不多，工作上离不开。当然，阿尔巴尼亚同这些国家在处理事情上配合得也比较好。比如说，日本驻华使馆就有专门的人跟我们保持联系，新加坡、韩国差不多也一样。其他国家也是根据各自使馆的具体条件来处理工作。这些国家都清楚阿尔巴尼亚当时的情况，也尽量配合，创造便利的条件，以有利于解决问题。

到了北京后，中国外交部礼宾司的有关官员和阿尔巴尼亚使馆的工作人员到机场接我们。没有什么仪式，我们直接前往阿尔巴尼亚大使馆。大概是一星期之后，中国外交部就安排我向中国国家主席递交了国书。应当说，这个安排还是很快的。只有递交了国书之后，我才能正式履行阿尔巴尼亚驻华大使的职责。我递交国书的时间是1992年8月26日，在此之前还有一个预递交，就是将国书的副本先交给中国外交部。

当时，中国国家主席是杨尚昆，向他递交国书的情景我记得比较清楚。中国外交部礼宾司一切都安排得很好，而且具体怎么进行也提前讲得很详细。去之前我有一点紧张，递交国书会不会一切顺利，就是有经验的人在这样的情况下多少也会有些担心。按理来讲，递交国书应该是没有什么不顺利的。由于没有这种经验，尽管要谈的都是礼节性的内容，但是我也不知道会有什么样的情况。我递交国书是在钓鱼台国宾馆进行的，由我们使馆的一等秘书哈依达尔·穆内卡陪同。他的中文很好，也是在北大留学的。我离任后，穆内卡接替我做了阿尔巴尼亚驻华大使。中国外交部派了一位会阿尔巴尼亚语的参赞，后来他到阿尔巴尼亚当了大使。递交国书结束后，我们坐下交谈了十到十五分钟。刚开始交谈的时候，我说阿语，中方的参赞给杨主席翻译中文。我觉得虽然我的中文还没有恢复，但我讲中文应该好一些，后来我就直接说中文了。杨尚昆主席很高兴，问了我是在哪里学的中文，然后说中阿两国关系原来很好，应当继续发展。我也表示相信我们两国关系将来各方面都会得到加强。时间虽然不长，但是杨尚昆主席给我留下了很深的印象。他待人很亲切，能感觉到过去那种中国人对阿尔巴尼亚的感情。本来我还有些紧张，但跟他交谈后就放松了。1994年，阿尔巴尼亚的国防部部长率军事代表团来中国访问，我全程陪同。杨尚昆主席会见代表团的时候，我的这种感觉更加深刻了，也非常感动。

我到北京当大使时，阿尔巴尼亚的社会制度刚刚发生变化，以意识形态为基础的传统的阿中关系在70年代时已经受到伤害，主要原因在于当时劳动党对中国的对外开放政策非常有看法。那么，阿尔巴尼亚社会制度的变化对两国关系起了什么作用呢？事实上，这其中并没有多少阻碍两国政治关系的重大问题，最主要的还是两国的经济关系，这对阿尔巴尼亚来说尤其重要，因为当时的经济状况非常不好。但是，发展阿中两国的经济关系又不能着急，只能是慢慢来。在阿尔巴尼亚社会发生动荡的时候，中国方面的一贯立场是不干预其他国家的内政。实际上，中国和很多资本主义国家的关系也不错，主要是在和平共处五项原则的基础上发展关系。至少在表面上，阿尔巴尼亚的社会剧变对阿中关系没有产生什么影响，中国很快承认了新的政府。不过，在当时的阿尔巴尼亚却有个别人或个别团体有不同的意见，甚至有一些不当的做法。但是，这是极个别的。阿尔巴尼亚政府明确地表示非常愿意恢复和发展同中国的关系。贝利沙被选为总统后，更是重视阿中关系，对中国过去给予阿尔巴尼亚的援助和支持表示非常感谢。贝利沙一直认为中国对阿尔巴尼亚的援助是很大的，在访华时还以新政府的名义当面向中国领导人再次表示了感谢。

从1992年到1997年，我在中国当了五年大使。我也是阿尔巴尼亚社会发生剧变之后的第一任驻华大使，而阿中关系正处于从过去迈向新时期的过渡阶段。当时，阿尔巴尼亚有一笔大约三千万美金的债务必须还给中国，原本是用来购买拖拉机的。按照合同，阿方必须提供一万六千吨生铁，由于阿尔巴桑联合钢铁厂生产能力不行了，阿尔巴尼亚很快又发生剧变，所以一直没有提供给中国。在某种程度上，这也算是以货易货。阿尔巴尼亚由于经济困难，到期时没能还上这笔钱。新政府上台后，国家外汇储备只有四百万美元。这件事需要我从中做协调工作。经过双方协商，中方同意把这批债务改为贷款，问题就这样解决了。不过，我认为最紧迫的工作是恢复经济方面的合作。问题是怎么恢复？合作必须对阿中双方都有利。我先从恢复一些以前中国援建的项目入手，争取使它们重新开工，这对解决许多人的就业问题是非常重要的。所以，我联系中方的一些国有企业和私营企业，希望它们能够投资，使中国过去援建的那些项目能全部或部分地重新启动。在这些项目中，比较大的有阿尔巴桑联合钢铁厂、拉齐磷肥厂、卢比克电解铜厂、贝拉特纺织厂、法罗拉水泥厂等。我努力促进这些合作项目的全部或部分恢复，但有很多问题比较难解决。比如说阿尔巴桑联合钢铁厂，我去了上海宝山钢铁厂，谈了恢复阿尔巴桑联合钢铁厂项目的问题。但在谈的过程中，我发现真的很难，因为这项工作牵扯很多技术、工艺、原料以及资金方面的问题，都不好解决。

在这种情况下，我又尽量找一些机会与中国有关部门的负责人交谈，征求他们的意见，看看有没有什么好的解决办法。同时,我还多次亲自到中国有关部门去沟通,比如找冶金部的负责人,请他出面建议宝钢同阿尔巴桑联合钢铁厂合作。不过,这些部门也都有它们的难处,下属单位也都有各自的独立性。所以,这位负责人回答说会考虑怎么处理这个问题,要研究一下,会给予支持等,甚至安排我同其他人见面。1994年,一位退休的经贸部的局长,专门陪我去了宝钢,还去了浙江的一些企业看能不能为卢比克电解铜厂找到合作伙伴。但是,我们去后与那些工厂领导一谈,发现合作的难度很大。首先,阿尔巴桑联合钢铁厂的厂房和设备已经很陈旧,而且据我所知建的时候就有不少问题,虽然中方尽了很大的努力。比如说,焦炭需要从国外进口而且价格很贵,另外,虽然当时选择了最佳的处理方式,但阿尔巴尼亚的矿石成分很复杂,因此所需的工艺也很复杂。古巴和捷克也有这样的矿石,这两个国家应当有相应的冶炼工艺,但不会轻易提供给阿尔巴尼亚。幸运的是,我们见到了一位姓解的副总经理,他过去援建过阿尔巴桑联合钢铁厂,当时好像是总工程师。他谈得很实在,向我们讲了阿尔巴桑联合钢铁厂建厂时面临的很多问题与困难。他甚至跟我们说,那时若不是为了满足阿方领导不断提出的要求,中方绝对不会同意建它。不谈其他的,光是工艺问题就很难解决。其实过去我也听说过这些事,只是当时无法证实。就当时而言,阿尔巴桑联合钢铁厂面临的困难一是设备老化,二是缺少资金,已经停产好几年了,要恢复它,各方面的问题都很多。在交谈中,中方并没有说不行,只是提出能否一步一步地来恢复,如先考虑恢复某一个车间。中方虽然也有难处,但愿意尽最大努力进行合作。这也需要阿尔巴尼亚方面的配合,如提供所需要的资料和技术支持,可阿方那些企业原来的技术人员都不在了,许多资料也找不到了。由于种种原因,这些项目的合作都没有谈成。

在争取同中方合作恢复过去援建项目的过程中,我发现中方一直非常认真地对待这个问题,我们不能忘掉中国当时付出的一切。仅说资金方面,那时候的中国和现在不一样,资金非常紧张。但是,不能忽视的一点是,自从20世纪70年代中期以后,阿尔巴

参加贸易洽谈

尼亚跟中国已经有比较长的时间没有过合作了。经过了十几年的关系冷淡期之后，最值得提及的合作只有1989年买拖拉机那件事。两国人民之间的感情曾经很深，但是由于长时间没有阿尔巴尼亚的消息，中国人民对阿尔巴尼亚情况的了解受到了很大的影响。后来，阿尔巴尼亚的社会制度也发生了变化。虽然是通过一个比较平静的过程实现了这种变化，但是阿尔巴尼亚也无法在一天之内就恢复到原来的正常状态。有了新的政府，有了新的体制，在很多岗位上也有了新的工作人员。对于那时的阿尔巴尼亚，有乐观的报道，但也无法避免地有不乐观的报道。再加上当时阿尔巴尼亚经济基础非常薄弱，这些都使投资者担心同阿尔巴尼亚合作的效果。关于阿尔巴桑联合钢铁厂的那些项目，工艺老，设备陈旧，资料也不多，有了用处也不大。原来的那些项目基本上都停止生产了，原来的技术人员也都离开了。没有这些人，阿尔巴桑联合钢铁厂项目的恢复就更艰难了。考虑到这些因素，大家都感到找到某一个项目的全部资料几乎是不可能的，更新可行性报告也是比较难的事情。所以，结论就是改

第八章 到中国当大使

造阿尔巴桑联合钢铁厂的项目难度很大。

了解了这些之后,我也渐渐明白了为什么中方的答复经常是慢慢地来,一步一步地来。在这样的条件下,有时候中国朋友会建议先从一些小的项目开始合作,我觉得这很必要。实际上,阿方也比较清楚这些情况,在试图恢复援建项目生产的同时,也希望搞一些小的合作项目。我记得,其中之一就是对阿尔贝利亚酒店的改造。在我跟中国的相关公司多次商谈之后,阿尔巴尼亚政府很明确地告诉我:意大利和另一个国家的企业也表示可以投资改造这家酒店,但我们希望留给中国的公司,让他们先从一个小的项目开始。很遗憾,当时中国想要投资改造这个酒店的公司因内部的一些原因没有去成。总之,阿中两国重新开始经济合作也有一个重新认识的过程,一下子从比较大的项目入手还是不太容易的。

后来,我当大使期间促成的一个合作项目是1994年阿尔巴尼亚从中国进口了两千多台小型拖拉机,总价值约三百万美金。这些小型拖拉机主要是支持合作社解散之后的个体农民。那时候我们使馆的工作人员很少，国内有关部门问我能不能承担这个任务，能行我们就委托你，如果不能，我们就想其他的办法。我回答他们说，我可以尝试，争取努力做好。我接受了这个任务后，几乎天天都跟北京农机公司商谈。据我了解，这家公司是当时中国最大的农机公司，曾经与阿尔巴尼亚有过合作，向阿尔巴尼亚销售的最后一批拖拉机是在 1989 年。前面已经提到了，阿方不是付现金，而是卖给中国一万六千吨铸铁，有点像以货易货。

当时，我还找了其他几家公司，但还是非常希望跟农机公司合作。其中一个原因是它跟阿尔巴尼亚的合作历史比较长，有特殊的地位，同时还是国有的。在其他公司中，有一家私人公司价格给得比较低，而且保证交易从头到尾都会很顺利。负责给这家公司生产拖拉机的是石家庄拖拉机厂，同我们商谈的是该厂的副总经理，他原来是一名军官，做事很认真。我跟他说，这个交易绝对不能失败，因为阿尔巴尼亚政府很不容易筹到这笔钱来帮助几乎没有任何农具种地的农民。这位副总答应我，他会全力以赴办好这件事。

另一方面，农机公司在价格方面没有再对我们让步，他们的解释是，如果低于他们给出的价格，国家就不让卖了，这是最低价，而且它的售后服务是很好的。正因如此，国内相关部门批准了我们同这家私人公司签合同。但我是大使，不能签订这样的合同，必须从国内来人才能签。价格虽然很便宜，但我们同这家公司的合作并不是一帆风顺。同石家庄拖拉机厂签订合同之后，我们得知该公司的进出口权过期了，需要更新，这会影响到向阿尔巴尼亚出口拖拉机的时间。我估计这是这家公司的一个疏忽。那位副总经理可能不清楚这件事，给我们带来了一些麻烦，不过问题最后还是得到了解决，合作由两方变成了三方。阿方同意一半的拖拉机由这家私人公司供应，另一半由农机公司供应，但两家的价格都一样。1994年1月，大约2400台15马力的小型拖拉机在天津新港装船发往阿尔巴尼亚的都拉斯港口。这批拖拉机总量虽然不算多，但对于阿尔巴尼亚农村恢复农业生产起了很大的作用。

在政治方面，作为大使，我可以代表政府做一些事情。比如，我不管会见中方的哪一位官员，都可以声明阿中之间没有任何过去遗留下来的政治方面的问题。我指的是20世纪70年代中后期阿尔巴尼亚与中国的那些分歧。现在这些分歧都不存在了，所以阿中关系可以顺利地发展了。至于说阿尔巴尼亚民族方面的一些问题，我会尽可能地与中方沟通和协商，能起到多大作用就起到多大作用。

我在任期间，两国关系中的大事之一就是贝利沙总统对中国进行的国事访问。贝利沙总统实际上早就希望到中国来，但由于一些原因，筹备的时间比较长，直到1996年1月才成行。他本来计划对中国进行五天的访问，但由于阿尔巴尼亚国内的事情，主要是欧共体的一位高级领导要到阿尔巴尼亚访问，最后他的行程缩短成三天，从1996年1月16日到19日。

贝利沙就任阿尔巴尼亚总统是在阿尔巴尼亚社会制度发生变化之后。1991年3月，阿尔巴尼亚进行了第一次全民大选，也是阿尔巴尼亚解放后首次举行的多党大选，竞争主要是在刚建立不久的民主党和由原劳动党改组而成的社会党之间进行。社会党获得了250

个议席中的169席,民主党获得75席,余下的席位由其他小的政治组织获得。在接下来召开的人民议会第一次会议上,社会党领导人阿利雅当选为首任总统。5月,阿利雅任命纳诺为政府总理,而后者组建了社会党的一党政府。对于这种结局,反对党派十分不满,在议会内外同社会党展开了激烈的斗争。为了摆脱困境,社会党同各反对党和独立工会联合会达成政治解决方案。6月,纳诺政府辞职,阿利雅任命于·布非组建一个过渡性的联合政府。但到了1992年3月,联合政府没法再干下去了。阿尔巴尼亚举行第二次议会大选,民主党获92个议席,社会党获38个议席,社会民主党获得7个议席。民主党上台执政,而社会党则成为在野党。4月,阿利雅宣布辞去总统职务,贝利沙当选为阿尔巴尼亚第二任总统。在就职宣誓中,贝利沙的一句话我记忆犹新,也很受感动。他说:"我要为全体阿尔巴尼亚人服务,在他们的生活得到改善之前,我不会搬到新房子去住。"他的家在地拉那市的一个小区里,是他当医生时单位分给他的,只有70平方米,是一所只有两三个房间的小公寓。贝利沙当总统的时候一直住在那里。当然,这也给总统的安全保卫工作带来许多不便。贝利沙自己也说:"我应该承认这一点,这增大了安保人员的工作难度。我早上走着去上班,下班时从办公室回来有时候很晚,对他们来讲是不方便的。但是,我就是这样宣誓的。"他在任总统期间一直没有搬家,就住在那儿。

民主党执政的时候,全国人民对国家的发展前景还是充满信心的,而事实上阿尔巴尼亚社会朝好的方面发展的趋势也是很明显的,老百姓的生活水平开始有了比较大的改善。过渡政府总理布非在下台之前曾在电视上宣布,阿尔巴尼亚储存的粮食只能供应六天了,结果引起了全国性的恐慌。不过,那时候阿尔巴尼亚老百姓的生活确实很困难,为了买面包,人们要排十几个小时的队而且还不一定买得到。民主党执政后,由于推进经济转型,允许人们做些生意和开办小工厂,农民开始种地并且有一些产品,牧畜业也逐步发展起来,这样每个人都可以发挥自己的作用了。原来空空如也的商店里逐步摆满了食品,阿尔巴尼亚社会发生了比较大的变化。1991年人均年收入只有二百美元，到1996年已经达到八九百美元了。绝对值虽然还是很低，但与1991年比却翻了好几倍。可是，这种上升的势头被1997年的动乱打乱了，使阿尔巴尼亚的社会发展又倒退了二十年。

贝利沙总统非常重视阿尔巴尼亚和中国的关系，在他来华访问之前，两国高层的交往就比较频繁。1993年年初，他就派阿尔巴尼亚外交部部长访华，三个多月后，阿尔巴尼亚副总理也来华进行了访问。9月，钱其琛副总理兼外长访问了阿尔巴尼亚。1994年10月，阿尔巴尼亚议长也访华了。在阿中高级官员的这些互访中，作为大使，我也一直在尽力做一些沟通工作，包括与中国外交部的协调等。我认为，应该从总体上发展阿中两国的关系，加强各方面的合作。前面提到过，双方政治关系没有什么大的障碍，所以发展得比较顺利。但是，加强阿中在经济方面的合作，对阿尔巴尼亚来说可能是更为重要的。所以，我们的副总理来华访问的时候，跟他一起来的是工业和能源部部长，另外还有十几个大公司的代表。他主要是同中方商谈怎样加强阿中两国的经济合作，在哪些方面能有什么样的合作。总之，在贝利沙总统访问之前，双方已经做了不少工作，并达成了两个合作协议，就等他访问的时候签署，一个是科技合作方面的协议，另一个是电视台和广播电视合作方面的协议。他访问结束后，双方还发表了联合公报，强调阿中双方都愿意加强各方面的合作。贝利沙总统的这次访华是非常成功的，引起了广泛的关注。贝利沙总统一直关心中国的发展，这次访问使他亲眼看到了中国的快速发展。他认为，中国是一个经济实力、政治实力都很强的大国，在世界上已经是起着很大作用的国家。

我全程陪同了贝利沙总统三天的对华友好访问。在访问的第一天晚上，江泽民主席在人民大会堂设国宴招待他。贝利沙总统和江主席两人谈得非常愉快，我发现江主席的英语非常不错，很多时候他们都是用英语交谈而不需要翻译，谈话内容涉及双方感兴趣的各方面事情。一般来说，正式会谈的内容事先都有安排，但晚宴时谈的内容却是随机的。那天晚上，他们交谈的范围非常广，关于国家发展的各个领域，特别是农村的发展情况，甚至还谈论了一些具体问题。江

第八章 到中国当大使 | 171

议长访华

主席也询问了阿尔巴尼亚的一些情况,并讲了一些中国的具体情况。要特别说一下的是,贝利沙总统从心里感谢中方给阿尔巴尼亚的支持和援助。

除了同中国领导人会晤之外,贝利沙总统也参观了北京的许多地方,还前往上海参观访问。在北京,贝利沙总统参观了故宫和长城。去长城那天天气比较冷,贝利沙总统虽然穿着比较单薄,但兴致勃勃,一直坚持到最后。中方还安排他的夫人参观了一家医院,因为他的夫人也是一名医生。结束北京的行程后,他又到上海去参观。在上海,中方安排他参观了一家中日合资的工厂。在整个访问过程中,贝利沙总统对中国的经济特区非常感兴趣,认为中国的这种经验是非常成功的。他认为,阿尔巴尼亚也可以学习中国的这一经验。由于时间的关系,他没能到深圳去参观。但是,在他之前来华访问的阿尔巴尼亚议长到过深圳,特别认真地参观了经济特区,中方也比较详细地向他介绍了经济特区是如何一步一步走过来的,经历过哪些阶段。

我是阿尔巴尼亚社会剧变之后的第一任驻华大使,在阿中关系尤其是经济关系的恢复和发展中发挥了一定的作用。新政府组建后，希望同中国恢复关系。新政府出于信任才任命我当驻华大使。所以，我任大使后尽自己最大的努力来做这方面的工作。我知道不可能在五年之内完成所有任务，但一定要始终促进阿中关系向前发展，增进两国之间的相互了解。实际上，当时的阿中关系还是有些特殊。阿尔巴尼亚的剧变和其他东欧国家一样，共产党都下台了，社会主义也不搞了。但是，中国仍坚持共产党的领导和社会主义制度。所以，两国的意识形态和政治制度完全不一样。我任驻华大使期间，就想怎样才能超越这些不同，寻找共同点，发展阿中关系。不过，我还应该肯定这样一点，虽然新的政府是民主党领导的，是民主党政府派我到中国来当大使，但是，原来执政的社会党也同样希望发展同中国的合作。民主党政府之所以派我到中国当大使，原因之一是我在中国学习了多年，比较了解中国。如果不了解中国，在当时的情况下恢复和发展阿中关系可能会很困难。

我是1997年离任的，那时候阿尔巴尼亚国内的情况非常不好，刚刚因金字塔集资而发生了社会动乱。

为了不再发生流血事件政府辞职了，阿尔巴尼亚建立了联合政府（民族和解政府），总理是社会党的人。然而，这只是一个临时的解决方式。联合政府内部党派斗争特别激烈，社会矛盾也非常尖锐。尽管如此，联合政府在一段时间里还是起到了一定的缓冲作用。在国际社会的干预下，阿尔巴尼亚于1997年6月举行了全民选举。由于武器的流散，阿尔巴尼亚大约有30%的地区因为太乱而使得观察员无法进入，其余地区的情况相对好一些。在这样的条件下，社会党获得了大选的胜利，上台执政了，号召民众起来推翻政府的那些人控制了政府。外交部的人事变化也很大，我与他们的沟通变成了特别困难的事情。除了个别情况之外，不管我给他们发什么资料，提什么要求或者建议，除了拒绝之外，其余的一概不答复。这样的状况持续时间不太长，因为我很快就得回国交接工作了。我必须要考虑自己将来在哪里工作的问题。那时候，我太太在北京教书，我的孩子还小，在北京上学。我们希望他能继续学习和巩固中文。我认为孩子不应该丢掉中文，中文对他来说是非常有意义的。基于这些考虑，

第八章 到中国当大使

我想如果他们不给我安排工作，我交接完工作之后就回到中国再待一两年。实际上，我也不想再在他们那里继续工作了，我有我的道德准则。

1997年9月初，外交部通知我工作到期，再过两个星期后就必须回国。也算是满任期了，但当时并没有一个限制任期的规定。驻华大使离任了，其他五个国家的大使也不能当了，所以在回到阿尔巴尼亚之前，我就以书面的形式向我任大使的国家的外交部通报了我即将离任的事情，对它们在我的任期期间所给的支持与帮助表示感谢。中国外交部安排我拜访了李鹏总理、钱其琛副总理兼外交部部长。在谈到国家发展时，钱外长引用了中国的历史故事来说明国家稳定的重要性。按常规的做法，我在此期间还通过写信和照会各国驻华大使通报了我离任的事情。1997年9月，我回到了阿尔巴尼亚。我先到了外交部的人事司。司长是新上来的，我不认识他，据说这个人原来是一个中学的校长。他用一种客气但并不热情的语气对我说："您来了？"接着他问我："办公室的资料文件为什么没交给代办？"我回答说："我一份一份地都交给他了，而且他也签字了。"可是,这位司长说:"代办告诉我们您没有交这些东西。这样吧,您先休息一段时间,先到财政司去领取您休假的工资。"的确,我任驻华大使五年,从来没有一次正式的休假。考虑到使馆里工作人员少,我确实没有向外交部提出这个要求。休假结束,外交部也没有联系我。又过了一段时间,我主动去了外交部,把外交护照上交了,并领取了自己的普通护照。

至此,我在中国当大使的经历就结束了。

第九章

在中国过着平民生活

第九章　在中国过着平民生活

先说一下我的家庭吧。

我和我的一家与中国有着不解之缘。我20世纪60年代和70年代在北京大学和大连化物所学习过，90年代又在中国当了五年大使。我太太随我来中国后，一直在中国教书。我孩子从小就学汉语。大使离任后，我们全家一直生活在中国。所以，我也很乐意说一说我的家庭情况。

我结婚并建立自己的家庭比较晚，这一方面与我的性格有关，另一方面大学毕业后最初我是在家乡工作，但一直希望去大学里教书，所以精力一直没有放在成家上。到了地拉那大学后，学校方面说会很快派我到中国进修。这些事将我成家的时间拖后了。另外，我们兄弟的关系非常密切，和父母的关系也非常好。父亲早就去世了，母亲是1990年去世的。但是，由于过去的生活原因，母亲的身体一直不太好。那时候我同弟弟和母亲住在一起。后来，弟弟成家了，我还没成家。我们兄弟几个都很关心母亲，由于我没有成家，客观上我就可以多关心她一些。我在大学里教书，可以晚上教课，白天有时候会在家里陪着她。这可能对我的私人生活也有一点影响。当然，如果有的话，那也只是一点儿，所以我1988年才结婚。

我太太名叫米莫扎（Mimoza），老家在思科拉巴利，但她出生在地拉那。1978年，她考入地拉那大学，专业是英国语言和文学。我们是通过别人介绍认识的，后来就结婚了，家就安在地拉那。她在地拉那教过英语，有时也带一些旅游团，做做翻译。1989年我们的儿子出生，我儿子名叫德特利尔（Detlir）。这个名字是他奶奶给起的，阿文的意思是"自由的海"。

结婚四年多不到五年，我就被任命为驻华大使，我们全家就到了北京。那时候阿尔巴尼亚驻华使馆工作人员特别少，除我之外，还有一个一等秘书、一个随员和一个司机。不久，一等秘书离任，只剩那个随员和我了，以后又来了一个一等秘书。使馆的工作人员很少，只有我会讲中文。所以在使馆里，每个人都不是做一份工作，大家都尽量多做一些工作。比如说，我们使馆比较大，院子需要人管，里面也需要人清扫

第九章 在中国过着平民生活 | 181

一家三口

卫生。要做好这些事情,聘用一两个人肯定是不够的。那问题怎么解决呢,只能是大家一起干。有时候,我们全部的工作人员和家属一起去整理一下院子。后来才聘用了一些外来的工作人员帮忙,主要是技术方面的。之所以如此,主要还是经费不足。在驻北京的外国使馆中,许多大使都有一个本地秘书,负责接电话和处理一些小事,可是,我们使馆根本做不到。不仅如此,为了节省开支,我们原来还有这样的想法,即把使馆的司机由阿尔巴尼亚人换成中国人,但后来发现,雇用中国司机总体来讲还不如派一个本国的。我当时向国内建议,要是有人愿意到使馆来工作,就不能只干司机的活,也要管院子,有时候还得办一些其他事情。在这方面,我们使馆还是有些经验的。使馆人员很忙的时候也可以自己开车,不一定非要让司机开。那时候我太太就时常帮我接电话,但我告诉她,我在的时候她可以接,不在的时候就不要接,主要是不能牵涉一些她不该参与的事。我太太非常理解这一点,主要接一些与使馆关系不大的电话,但对我帮助是比较大的。

由于经费紧张,有时候我就坐公共汽车去办一些私人的事情。有人说,你绝对不能这样,使馆有大使的专车,我说,这并不重要,我坐公共汽车不光是节省一点汽油,同时也表明使馆的工作人员不能私用使馆的车,我也不能用。根据国家规定,只有大使才能用国家专车,办什么事情都可以用,但我改变了这种做法,办自己的事情有时候就坐公共汽车。另一方面,其他的工作人员如果工作需要,也可以坐使馆的车。由于过去工作人员多,使馆的车也不少,个别的时候,比如去医院,也可以使用使馆的车。这么做当时就有人批评我,现在也有人说我的这种做法不好,但我一直认为这没有什么。其实,一些发达国家的大使也是如此,比如丹麦驻瑞士大使根本就没有车,一直坐公共汽车,他们国家的情况和阿尔巴尼亚完全不一样,非常富有。

那时候驻华大使夫人们有一个读书俱乐部,轮流在大使官邸搞读书会,我太太也参加了,但次数不太多。后来,她在巴基斯坦使馆办的一所学校教英语。这所学校的教员主要是巴基斯坦人,但也聘用其他国家的人，学生则是各国都有。该校从幼儿园开始一直到高中毕业都用英语教课。我太太教的是英语，有一段时间也教巴基斯坦历史。她对巴基斯坦历史并不熟悉，只能一边学一边教。我们离任的时候，她调到韩国大使馆创办的幼儿园，在那里教了一年，后来在不同的学校也教过英语，如由私人创办的新桥外语学校、一家国有五金公司下属的幼儿园、北京市第六十一中学等。另外，她还在潞河国际教育学园教过英语，这所学校主要培养出国预备学生。这所学校的外教多，条件比较好，而且离家也比较近。我太太跟中国朋友都相处得很好，所以她离开原来的学校时，同事们都舍不得她，希望她留下。这么多年来，她和中国的同事也保持了长久的关系。我们非常喜欢中国，也喜欢北京。时常有人问我，你在中国生活会不会有一些困难？我回答说，我不能说在这里生活有困难，当然也有不高兴的情况。我们确实喜欢中国，喜欢北京，这里可以说是我们的第二个祖国。

我的孩子是三岁半时来中国的。刚来时，特别是我太太要到巴基斯坦学校去教书的时候，没有人照看他，因为他很小，需要把他送到幼儿园。当时中国接收外国小孩的幼儿园很少，所以安排他进一所中国的幼儿园是相当难的。如果送到外国人办的幼儿园，一是经济方面的困难，需要很多钱，但最重要的是得接送，这比较麻烦，因为学校离家都比较远。我刚来的时候，还没有递交国书之前，俄罗斯大使邀请我参加一个晚宴，我和太太两人一起去的。到场的还有美国大使、韩国大使以及其他国家的一些大使。俄罗斯大使的夫人坐在我旁边，她问我有几个小孩，我说只有一个，正在找幼儿园呢。没想到，第三天，俄罗斯大使的秘书给我打电话，她说她受大使委托转告阿尔巴尼亚大使，如果愿意的话，可以把孩子送到他们的幼儿园，他们很欢迎。我们同俄罗斯大使馆的幼儿园联系了，费用确实不高，但我们还是得接送，而且时间也不合适，最后也没有去。后来问题怎么解决的呢？使馆里有一个同事，她是我们随员的夫人，原来也是外交官。她当外交官的时候，她丈夫是家属；这时她丈夫当外交官，她成了家属。她告诉我，使馆对面就是一个幼儿园，你可以试一下看看它能不能接收，然

在芳草地小学读书的儿子,照片中间右边的小男孩

后我就去了。门卫问我有什么事,我说我是阿尔巴尼亚大使,也是你们的邻居,希望把我的小孩送到你们这儿上幼儿园。门卫说:"对不起,我们这里不接收外国小孩。"我说:"你让我跟你们的园长见一次面。"园长非常有礼貌,他跟我说:"请原谅,很对不起,过去美国使馆也要送孩子来,我们没办法接收。"但是,他给我出了一个主意,说你想办法先找一个中国人,把你介绍到我们这儿,实际上就是找一个中国人做担保。我说,那好,就这样。我有一个中国朋友离幼儿园很近,我请他出面帮助。最后,孩子顺利地进了这所幼儿园,好像是一家建筑公司的幼儿园。我的孩子在这所幼儿园待了大概两年多。在这以后,阿尔巴尼亚使馆的所有孩子都进了这所幼儿园。后来,我的孩子上芳草地小学读书的时候,园长告诉我,一定要安排他在中国学生的班级,不要在外国学生的班级,这对他提高中文水平是有利的。经过努力,我的孩子在芳草地小学中国学生的班级里读了书,算是一个例外。小学毕业后,他进入五十五中读书,这时是在外国学生的班级里学习的。孩子小学没毕业,我就离任了,后来，他就到英国去学习了，如今在英国工作呢。虽然如此，他一直没放弃过到中国来工作的想法，因为他是在中国长大的，对中国有感情。

在外交部办完交接手续后，我很快就回到中国，时间是1997年10月，因为我太太在北京的工作很重要。这时我们用的是普通护照，与外交身份没有任何关系，就是一般的阿尔巴尼亚公民。在任的时候，我们住在大使官邸，离任后就得自己找住处。我有一个非常好的中国朋友，他在北京通州区疃里新村给我提供了一套房子，离我现在住的地方有三公里左右。这位中国朋友原来是一个进出口公司的副总裁，前面提到我们使馆协助国内购买拖拉机就是同这个公司合作的。所以，我跟他的关系很好并且后来一直保持着。1997年的时候，他也离开了原来的公司，自己到上海发展。他知道我要离任后，询问我的情况，我告诉他，外交部可能不再需要我了，即使需要，我也不太愿意同他们一起工作。所以，如果没有其他的解决办法，我可能要回到中国来，因为我太太在中国有份工作。他说："如果你需要房子的话，我在疃里有一套房子，它现在完全空着,您可以住在那里,住多长时间都没有关系,也不需要考虑什么房租。"就这样,回到北京后,我们全家就住在这里,但我自己一直在想,不能长期住中国朋友的房子。

大概一年后,我就考虑自己在北京买一套房子。那时候北京的房子很便宜,但不能卖给外国人。我还有一个中国朋友,她原来是经贸部的官员,同阿尔巴尼亚有过一些合作,同我的关系很好。她时常问我,有没有什么困难需要她帮助。后来,我就找到她,跟她说了我的想法。她说:"这件事好办,没问题,你用我的名字就行了。"我们之间非常信任,所以我用她的名字在瞳里买了一套房子,房价十八万左右,连后来的装修还不到二十万,钱是我太太在巴基斯坦学校教书时积攒下来的。我们在那里住了七年,2005年搬到现在住的通州国际新城。这套房子是2004年交的钱,2005年入住。当时北京的购房政策有了很大的变化,我们可以用自己的名字买房了,原来的那套房子出售了。

从1997年离任到现在快二十年了,我们一家在北京也生活了二十年。我一直希望也实际在做对阿中两国合作有益的工作，并努力促进这种合作。我有长期在中国学习和工作的背景，这也有助于我做这些工作。当然，我自己也闲不住，做些工作对我们的家庭生活也有帮助。实际上，我把自己的外交护照交回后，我就成了一个自由公民了，那时候我还没有到退休年龄，当时才五十四岁。大部分阿尔巴尼亚人不希望发生的1997年的动乱已经成为事实，吃亏的是阿尔巴尼亚和阿尔巴尼亚人民。当时的阿尔巴尼亚好像被外敌入侵了一样，但也没有外来的侵略者。民主党政府下台了，社会党上台了；外交部的不少工作人员变成多余的了；我也是其中之一，原因是出任时是民主党派出的。为此外交部没做任何解释，当然跟他们合作肯定也不是我的选择。不过我还比较幸运，我以前地拉那大学的同事对我说："你什么时候想回到地拉那大学继续教书，我们都欢迎你。"但是，由于我的孩子在北京上学，我的太太在北京工作，所以我想回到中国来。大概也就十几天之后，我们全家就回到了中国。

1997年，我们是全家回阿尔巴尼亚的，因为他们

第九章　在中国过着平民生活

1997年与家人在一起

用的也是外交护照，我要离职了，他们的护照也得上交。另外，在当时的情况下，他们如果不回去，我担心会有人认为其中有什么政治原因，而我不希望有这类的疑问。回到中国后，我太太还做原来那份教书的工作。我自己也考虑找一些事情来做。那时候中方的公司不太容易接受我。后来，一个偶然的机会，有个朋友告诉我，国际展览馆正举办一个人才交流会，让我去看一下，说那里还是值得去看看的。后来，我还真去了。说实话，开始时我觉得去也白去，因为中国公司一般不会接受一个年纪偏大的外国人。后来，一家名叫海怡的中加合资责任有限公司的招聘人员问我："您想找工作吗？"我回答说："是，但你们不一定能接受我。"他说："您等一下，能不能同我们的总经理见见面？"我说可以，同时告诉他我是哪一方面的专家，原来搞化学，后来在大使馆工作，现在看看能不能找一个合适的工作。于是，我见了这家公司的总经理。这位总经理实际上也是老板，是加拿大籍的中国人。见面后他告诉我，他们公司是生产交换机的，非常希望我到他们公司上班。他还问我对薪水待遇方面有什么要求，希望以后能派我到美国或者加拿大作为他们公司的代表。我很不好意思谈报酬待遇问题，但告诉他我有个孩子上学需要比较多的花费，我们还要租房子等。最后，把报酬定在每月一千美元。

就这样，我来到这家公司上班，主要教授员工用英语或中文同外国人打交道。教了几次，员工们进步都很大。这也可能是因为他们过去跟外国人打交道不多，所以我随便讲些什么，他们都觉得很有意思，公司方面对我非常满意。大概过了一个月，我心里有点不太舒服，觉得自己对这家公司的贡献不大。因此，每次见总经理时，我都对他说，我可能不合适做这项工作，但他总是鼓励我说："不要担心，你肯定会对公司做出很大的贡献。"原来，这家公司从美国购来进口零配件，组装了一些高档办公家具，但卖不出去。我对总经理说，我想试试看能不能将这些家具处理掉。总经理说："我不愿意让您做这一类的事情。不过，您想试试也可以，卖出去或卖不出去都没有关系。"我有比较多的人脉关系，于是给两家我比较熟悉的公司打了电话，向它们说明了产品情况和价格。过了一个小时，其中一家公司就来了人，与我们公司达成协议，把家具卖了。大概四个月后，亚洲经济危机开始了，这对公司业务冲击很大。另外，交换机刚开始的时候卖得很成功，但后来浙江那边也生产出同种类型的交换机，质量虽然不如这家公司的，可价格要便宜得多。总之，由于各方面的原因，这家公司的经营情况不怎么好了。我对总经理说，我不能再在公司里干了。总经理看到我去意已决，就说："那这么办吧，我以后可以给您一些事情让您在家里做。"直到今天，我还与这家公司的一个副经理保持着很好的关系。

离开这家公司以后，我差不多有两年多时间没有做什么工作，基本上就是在家里，有时候去接送孩子上下学，但一直在考虑再做些什么工作。在这期间，我教一个企业家学英语，一个星期两三次。后来，我还偶尔帮助一些来华的阿尔巴尼亚商人做些贸易工作。虽然阿尔巴尼亚商人来华的不少，我在当大使时也接触过一些，还把其中一些人介绍给我认识的国有公司的管理人员，但我并不希望跟他们打交道。后来有一个阿尔巴尼亚商人是我弟弟介绍的，请我帮忙。我帮了他的忙,他非常满意。我主要是帮他找一些中国的服装货源,然后他运回阿尔巴尼亚。具体点说,就是帮他找到一些批发市场,并陪他挑选。由于他语言不通,我就帮他翻译,在谈价格时也尽量帮他压低,最后还帮他找了一家公司给他做运输。就这样,我开始跟一些阿尔巴尼亚来中国的商人打交道。

最巧合的是,1999年的一天,我在友谊商店旁的那条路边站着,一个外国人喊我的名字。我循声一看,这个人我根本不认识,很是奇怪。他用阿尔巴尼亚语对我说,您肯定是某某人的兄弟,但我不知道您是弟弟还是哥哥。我说,我是哥哥。他告诉我,您弟弟原来是我的领导,是一个团组织的书记。经过交谈才知道,他过去与我弟弟非常熟悉,原本是一名军官,后来下海做生意了。他说非常高兴能遇到我,希望以后再到中国的时候能与我合作。我说,没有问题,我肯定会尽可能地帮助他。就这样,我开始跟一些阿尔巴尼亚的商人合作,帮他们寻找货源,安排运输等。主要是从中国进口日用品,然后运到阿尔巴尼亚销售。在这段时间里,我既帮助了这些阿尔巴尼亚商人,同时也有了一定的收入,实际上也是在帮助自己,客观上也促进了阿中之间的贸易往来。

但是,我最想做的还是怎样能使一些中国的比较大型的公司到阿尔巴尼亚去投资,这其实还是在继续我当大使时没有做完的工作。促成这种合作一直是我的主要目标,但真的很难。我做成的就是推动了两个大的石油项目的合作。其中,中方的合作者是大庆中国石油公司。大约是在2008年,我安排这家公司的相关人员去了阿尔巴尼亚,在地拉那会见了自然资源局的局长。我认识这位局长,他不仅是我的一个老师的儿子,而且也毕业于地拉那大学自然科学系。我事先同他沟通,并安排发邀请函和制订日程。阿尔巴尼亚当时石油方面的政策非常宽松,对投资者非常有利,阿尔巴尼亚政府也鼓励外来投资者。中国的投资者到阿尔巴尼亚,在各行各业中搞一些合作,阿尔巴尼亚方面都非常支持。比如,中国企业投资石油行业,阿尔巴尼亚方面会将已经做出的地球物理方面的研究资料毫无保留地提供给他们,特别是地质勘探方面的资料,这些在很大程度上都属于机密。甚至阿方提出,如果勘探不出油或煤气的话，中方的包括勘探、打井等方面的所有费用都由阿尔巴尼亚政府赔付。这笔费用也不会太少，大概是几百万到几千万美元。如果出油了，出煤气了，中国公司可以自由出售，可以在阿尔巴尼亚境内出售，也可以出口。中方公司对我说，阿尔巴尼亚在法律方面的优惠政策是非常好的，他们在印尼等国也投资过，从来没有遇到过这样优惠的政策。但是，中方公司更希望得到正在开采的油田，与阿方进行合作。阿尔巴尼亚的油田不多，产量也不高，而且已经有几家外国公司在那里合作，还有一家加拿大的公司正在谈判。由于多种原因，这个合作项目最后没有谈成。在这个过程中，我除了电话联系之外，还专程去了一次大庆，向中方介绍了阿尔巴尼亚相关产业的情况和政府的政策，给他们一些我从国内找到的英文资料。我也陪中方代表团去了阿尔巴尼亚。虽然做了许多努力，但由于种种原因，这次合作最后没能成功。

2010年，我还推动过中国公路桥梁公司与阿尔巴尼亚的合作，当时这家公司正在修建贝尔格莱德的平浦大桥。这座桥投资两亿多美元，已经快建完了。我同这家公司接触了几次，希望他们到阿尔巴尼亚看看有没有投资机会。他们同意了，准备从贝尔格莱德直接去地拉那。我事先已经同贝利沙总理谈了此事，他也同意我的想法。所以，贝利沙总理在地拉那接见了中国公路桥梁公司的代表。会见中，贝利沙说："阿尔巴尼亚特别需要也特别欢迎外国的投资。"不过，贝利沙也说，外国投资，由于牵涉债务问题，阿尔巴尼亚不能以国家的名义对贷款做担保，最好能找到投资基金同公司合作。中方公司说，资金我们能找，但唯一的要求是阿尔巴尼亚能以国家的名义做担保。2012年，我向中方公司建议，先修一小段，比如说十来公里的高速路，投资大概一千多万欧元。先做起来，等有了在阿尔巴尼亚干的经验之后，再进一步扩大规模。中方公司也同意了我的建议。2013年，阿尔巴尼亚举行了议会大选，结果民主党下台了，社会党上台执政。这个合作也不了了之。

我做这些事情的出发点就是想对我的国家做出一些贡献，所以很希望中国的公司到阿尔巴尼亚投资一些比较有意义的项目。除了上面提到的这两个项目之外，我还尝试促成水电等方面的项目合作，联系的中方公司有国有企业，也有私营企业。但是，这些项目的投资额相对来讲小一些，大概是六七千万欧元的项目。所以，中方公司提出，如果有几个项目一起做是可以的。我理解他们是从经济角度考虑问题，因为他们如果到阿尔巴尼亚搞工程，需要调动很多设备，项目太小成本就会太高。

1997年从驻华大使岗位上离任到现在，已经有二十年了。当驻华大使也圆了我儿时的一个梦。在任期间，我搞的是正式外交。离任之后，我做的许多工作可能就属于民间外交了，比如说，我时常应邀到中国其他一些地方去，这一类的活动还挺多的。我也很愿意去，一方面可以更深入地了解中国文化，另一方面这些经济项目若能搞成对阿尔巴尼亚和其他国家都有益处。不过，大多数情况下，我参加的这些活动都带有仪式性质，在这些方面没有太明显的效果。但是，这些活动对于增进阿中两国之间的了解和友好关系还是起了很大作用的。比如，我去过宁夏的中宁县，那

老同学在使馆相聚

里盛产枸杞。宁夏与习近平主席提出的"一带一路"战略有很大的关联。我还去过甘肃天水,参加伏羲祭祀活动,对我深入了解中国的传统文化非常有益。

最后,我还想提及一下我的老同学。我到北京当大使的时候,也就是在递交国书后的两三天,我收到一封信,是我的一个辅导员写给我的。信很短,上面说他不知道新任驻华大使是不是他过去的同学。如果认错了,就请原谅。我马上给他回了信,说我就是他的老同学。这样我们就有了联系,后来时常在网上联系。我在使馆举办国庆招待会时，会特别邀请在北京的同班同学参加。在当大使的那段时间，我们见过不少次面。我离任后，每隔一两年我们也会见一次面。不过由于各种原因，现在见面的机会越来越少了。两年前，我们同年级的同学又聚了一次，到广东旅游。我记得，我们同年级有近一百名同学，但留学生只有我一个人。大家相见的场面是非常让人感动的。我见到了一个同班同学，他乒乓球打得非常好，我常常和他一起打乒乓球。他人很好，我和他的关系也特别密切。前几次我们同学聚会的时候，他一直没能参加。同学相见，大家都非常激动，虽然年龄都已经大了，但互相称呼仍和过去一样，他们管我叫老塔。

第十章
中国印象

从 20 世纪 60 年代来中国留学到 1992 年来华当大使，1997 年以后长期在中国居住，我亲眼见证了几十年中国社会的发展变化。我经常跟中国朋友讲，虽然在中国住了三十多年，我还是得从头开始认识中国。从发展和变化的角度来看，中国的这几十年好像跨越了几百年。

我记得我第一次来中国时是 1961 年 10 月，天非常冷，正好是三年困难时期的最后一年。那时候的北京在方方面面都和现在完全不一样。那时候北京的样子深深地印在我的脑海里。我先到的是北京外国语学院，那里的楼房很有中国特色，都带房脊，都用灰色的砖。当时有一个运动场，我觉得学校真是了不起，给学生们创造了锻炼身体的场所。冬天的时候，学校还在操场上浇水，冰冻后就成了滑冰场。我还记得我们吃饭和中国学生不在一个地方。在中国学生的食堂里，学生们都是带着碗去打饭菜，然后在外面吃，吃完了就回到宿舍。我们的条件不错，因为有一个留学生食堂，做的菜也挺好吃。我们还有奖学金，不仅吃饭用不了，而且可以省一些钱买衣服和其他东西。我在北京外国语学院和北大的五年间，用奖学金买了一辆自行车和一块手表。我买自行车可能是同学当中的最后一个。为什么想买呢？那时候有许多阿尔巴尼亚学生在北京学习，差不多一百多人。在学语言的那一年我交了不少朋友，但一年后都被分到钢铁学院、石油学院、北大、清华等高校学习专业。有时候我想到他们那里去，所以见他们都买了自行车，我也就买了。在中国的五年中，能用节省下的奖学金买一辆自行车和一块手表，应该算是很不错的。从这个角度看，可以想象当时中国的情况。三年后，我回国休假，家人问我中国同学是否邀请我到他们家去。我说不可能，其中最主要的原因就是经济上太困难，他们根本没办法邀请我，一切东西都是凭本凭票去买。甚至我第二次到大连的时候，情况也是一样。在60年代的北京，大街上几乎没有汽车，只有自行车像河流一样在路上穿行。小汽车偶尔能碰到一辆，卡车倒是有一些。路面上卫生也不算干净，因为那时候中国经济条件也不好。

1992年，我们全家到北京的时候，情况有了很大的不同。刚到的时候，我去买鸡蛋，售货员还说："对不起，买蛋需要凭本，您有吗？"我原来的一个阿尔巴尼亚女同学告诉我，应当到友谊商店，那里可以随便买。但是，没过一两个月，我在报纸上看到中国取消了票证制度。事实上，1992年中国就已经发生了巨大的变化，我可以真切地感觉到。在接下来的五年里，中国的变化更是日新月异，我们使馆周围建起了很多高楼。有时我都觉得，这怎么可能呢？所以我才说，虽然是几十年的时间，但中国看上去似乎跨越了几百年，这几十年是一个飞速发展的时期。

当然，随着快速发展，中国也出现了一些新的社会问题，许多人都有这样或那样的不满。

有人跟我讲这些的时候，我就对他说，首先你得爱自己的祖国，然后才能爱其他的。这是我的观点，绝对不是从宣传的角度来讲的。我的太太也很多次跟我说，有个别的学生也是这样，这是不能避免的。但是，她在这一点上完全同意我的看法。你得首先爱你的祖国。我们的祖国不是说没有缺点，也不是说没有可批评的地方，但我们首先得爱它，然后再尽量改正它的不足。可能有人会说，那你为什么说到现在的阿尔巴尼亚政府，还有这样或那样的问题呢？要知道，我说的是我们政府，不是说我的国家，不是说我的人民，这完全是两个概念。我的看法是，他们不该在台上，有些问题应当让法官来处理。但是，我还是爱我的国家。也有人问我，你为什么没有加入中国籍？至于我能不能入中国籍是一回事，但我肯定不会入。我希望中国也祝愿中国越来越繁荣，但我不能不要我的国籍，这是很简单的问题。中国在发展的过程中毫无疑问也会带来一些我们不喜欢的现象，在某些地方可能很突出，在别的一些地方可能没有那么突出。中国的总体发展趋向是好的，我们大家都应该赞成。如果有不尽如人意的地方，我们可以努力去克服，可这种不尽如人意并不能成为你不爱自己国家的理由。

不仅如此，我也很看好中国的未来。我在大使馆的时候，由于我会中文，有不少人问我怎么看中国的未来。那时候在使团中也有各种各样的说法，比如说中国可能会这样，会那样。我的一贯观点是中国会越来越发展，而且没有什么动乱危险。对此，我是可以用一些我认为有用的方式解释的。我认为，最重要的原因是中国在快速发展,人民的生活在不断改善。每个国家都有自己的国情,中国不应采取别国的方法,许多事情得一步一步来。我的儿子也常对我说:"爸爸,有时候我谈到中国问题的时候,人家都以为我是故意支持中国,实际上我说的就是一些真实的情况。"我告诉他,在谈论这些问题时,如果发生很大的分歧,你要尽量离开这种场合,但不能说不该说的话。你说的就是中国的客观情况,并不是故意要支持中国。要看到中国就是这样发展的,你做的是对的。

致 谢

致谢

这是我完成的第六本北京大学国际校友口述访谈。与其他五本一样,没有许多人的鼎力相助,它是不可能问世的。塔希尔先生不仅详细地讲述了他的亲历,而且在书的初稿出来之后一字一句地审阅,还做了许多补充。在地拉那期间,他将自己保存的老照片都找出来让我扫描,联系并陪同我访谈了前总统贝利沙先生和前《人民之声报》总编M.埃莱兹先生,带我参观阿尔巴尼亚北部的斯库台等地。贝利沙先生在百忙之中抽出时间在他的办公室里接受了我的采访。M.埃莱兹先生不仅接受了我的采访,而且在他的家里热情地招待我,浓浓的友情令我感动。中国驻阿尔巴尼亚大使馆的白云斌参赞曾是我指导过的研究生,他帮我预订了在地拉那的住处,为我采访贝利沙先生做翻译。我在地拉那期间,他及全家给予了我多方面的帮助。我的另外一位阿尔巴尼亚老朋友、前教育部部长马乔·拉科洛里先生近些年来多次为我访问阿尔巴尼亚提供帮助,我前几年访问黑山和科索沃期间,他还专门到波德戈里察和普里斯蒂那与我会面。这次,他又接受了我的访谈,比较详细地谈及了他对阿尔巴尼亚社会发展的看法。

国际校友口述访谈是北京大学 120 年校庆的规划项目,没有北京大学的支持,我也很难取得这样的成果。在这方面,北京大学国际合作部的夏红卫部长、北京大学社会科学部的王博部长一直关心和指导本项目的实施,陈峦明先生协助我做了非常多的沟通和保障工作。北京大学国际关系学院的项佐涛博士在我出国期间也帮我处理了许多工作上的事情。责任编辑李冶威先生为本书的出版做了大量工作,付出了许多辛苦。另外,审稿专家认真通读了全书,提出了许多宝贵的意见。我全部采纳了专家的意见,做了相应的修改。

对于上述各位朋友、领导和同事,我由衷地表示感谢。

孔寒冰

2017 年 4 月 6 日于燕园